Vorwort

Auf 45 Wanderungen entdecken wir die Vielfalt des Tessins – von den Bergen über die charakteristischen Valli bis hin zu den schönen Seepromenaden mit italienischem Flair – die Wanderkulisse ist unvergleichlich! Und nach getaner «Arbeit» geniessen wir den Abend in der Sonnenstube der Schweiz bei einer Tessiner Polenta mit Brasato in einem heimeligen Grotto. Was will man mehr?

Die Wanderungen in «Zu Fuss im sonnigen Tessin» sind für Gross und Klein machbar und bieten Sehenswertes für die gesamte Familie: Es geht über prärieähnliche Wiesen ganz im Norden des Tessins, vorbei an geschichtsträchtigen Orten und den Burgen Bellinzonas, hinunter zu den grossen Seen und hinein in die äussersten Winkel des Kantons. Auf unterschiedlich schwierigen Wanderungen lernen wir dabei die schweizerische Italianità kennen. Die ausführlichen Streckenprofile sowie die Karten, die mit den Wegweisern und den nächsten Zwischenzielen versehen sind, helfen, stets die Orientierung zu behalten. Und damit die An- und Rückreise problemlos klappt, empfiehlt es sich, vorgängig die Fahrpläne von Bahn und Postauto auf www.sbb.ch und www.fahrplanfelder.ch zu konsultieren.

Das Tessin lässt jedes Wandererherz höher schlagen, denn in dieser sagenhaft schönen Umgebung ist alles möglich: Alpines Wandern und beschauliches Flanieren an der Seepromenade liegen bloss einen Katzensprung auseinander!

In diesem Sinne wünschen wir Ihnen viel Spass, viel Entdeckungslust und guten Tritt bei den 45 Wanderungen im facettenreichen Tessin.

Routenübersicht

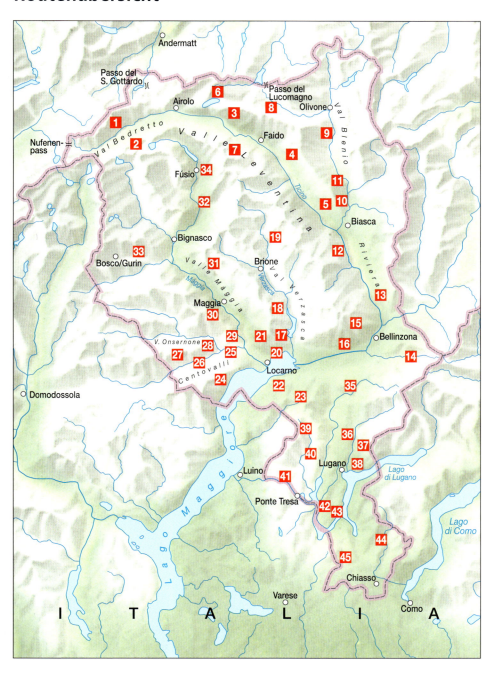

Inhaltsverzeichnis – 45 Wanderungen zwischen Lukmanier und Chiasso

Stunden Seite

Gottardo/Leventina

1 **Auf dem Höhenweg durchs Val Bedretto**
Gotthardpass/Galleria Bianchi – Cassina dei Sterli – Cap. Piansecco – All'Acqua 5¾ 6
2 **In der Talsohle des Val Bedretto**
All'Acqua – Ronco – Ossasco – Fontana – Airolo 4 8
3 **Von Airolo nach Osco – erste Etappe der Strada Alta**
Airolo – Brugnasco – Altanca – Deggio – Lurengo – Osco 5½ 10
4 **Von Osco nach Anzonico – zweite Etappe der Strada Alta**
Osco – Calpiogna – Rossura – Tengia – Calonico – Monti di Cò – Anzonico 4¼ 12
5 **Von Anzonico nach Biasca – dritte Etappe der Strada Alta**
Anzonico – Cavagnago – Sobrio – Conzanengo – Pollegio – Biasca 5¼ 14
6 **In unberührter Alpenlandschaft um den Lago Ritóm**
Stazione Piora – Alpe Ritóm – San Carlo – Cadagno di Fuori – Alpe di Piora – Piora – Stazione Piora 3¼ 16
7 **Zum Trichter der Leventina – dem Lago Tremorgio**
Rodi-Fiesso – Alpe Cassin di Vènn – Cap. Tremorgio – Lago Tremorgio – Seilbahn – Rodi-Fiesso 3½ 18

Blenio/Riviera

8 **Durch den Oberteil des Valle di Blenio nach Campra**
Alpe Casaccia – Campra 2¾ 20
9 **Heilkräuter und Schokolade auf dem «Sentiero basso della Valle di Blenio» – erste Etappe**
Olivone – Aquila – Dangio – Torre – Lottigna – Acquarossa 3½ 22
10 **Geschichtsträchtiges auf dem «Sentiero basso della Valle di Blenio» – zweite Etappe**
Acquarossa – Dongio – San Remigio – Semione – Loderio – Biasca Stazione 3½ 24
11 **Kunstgeschichtlicher Streifzug im vorderen Valle di Blenio**
Semione – Navone – Ludiano – Castello Serravalle – Semione 2½ 26
12 **Entlang der Westflanke des Valle Lodrino**
Iragna – Citto – Sacco – Pai – Grotti – Lodrino 2½ 28
13 **Höhenwanderung in der Riviera – von Claro nach Cresciano**
Claro – Scubiago – Cavri – Cresciano 3½ 30
14 **Auf der Via del Ferro im Valle Morobbia**
Carena – Maglio di Carena – Corte del Forno – Miniere – Carbonaia della Valletta – Alpe di Giumello – Giggio – (Val di Fossada) – Alla Serra – Carena 5½ 32
15 **Auf der Sonnenterrasse hoch über Monte Carasso**
Monte Mornera – Mornera Laghetto – Monda – Baltico – Belcorte – Pientina – Monte Mornera 2¼ 34
16 **Entlang des Zuhauses des Merlot – von Sementina nach Progero**
Sementina – Fontanella – San Defendente – Gudo – Progero 2½ 36

Lago Maggiore/Valli

17 **Hinein ins Valle Verzasca**
Tenero – Gordola – Gordemo – Diga della Verzasca – Mergoscia 3 38
18 **Weiter auf dem alten Maultierpfad ins Valle Verzasca hinein**
Mergoscia – Perbioi – Corippo – Oviga di fuori – Ponte dei Salti – Lavertezzo 3 40
19 **Auf dem letzten Abschnitt des Sentierone Valle Verzasca**
Lavertezzo – Ganne Brücke – Alnasca – Motta – Cordasc – Sonogno 4¾ 42
20 **Flanieren, wo Norden und Süden zusammenkommen**
Locarno Stazione – Muralto – Minusio – Tenero – Brione – Madonna del Sasso – Locarno Stazione 3¼ 44
21 **Über die aussichtsreiche Sonnenterrasse hoch über Locarno**
Cardada – Talstation Cimetta – Monteggia – Cimetta – Alpe Cardada – Cardada 2¼ 46

22 Entlang des Gambarogno – eine Höhenwanderung von Monti zu Monti
Dirinella – Monti di Caviano – Monti di S. Abbondio – Monti di Gerra – Monti di Vairano –
Moti di Piazzogna – Monti di Fosana – Fosana – Vira   6   48

23 Über einen steilen Säumerpfad ins einstige Schmugglernest Indemini
Corte di Neggia (Alpe di Neggia) – Monti Idacca – Monti Scíaga – Indemini   2¾   50

24 In sonniger Aussichtslage von Ascona nach Brissago
Ascona – Ronco sopra Ascona – Porta – Brissago   3½   52

25 Vom einsamen Arcegno ins kulturell pulsierende Verscio
Arcegno – Campo Pestalozzi – Golino – Verscio   2½   54

26 Vom unverfälschten Rasa in den Hauptort des Centovalli, Intragna
Rasa – Cadalom – Ponte Romano – Intragna   2½   56

27 Auf der Via del Mercato von Intragna nach Càmedo
Intragna – Monte di Comino – Verdasio – Càmedo   6¼   58

28 Durchs archaische Val Onsernone nach Intragna
Loco – Rossa – Niva – Vosa di Dentro – Scherpia – Vosa – Pila – Intragna   2½   60

29 Wo sich das Centovalli und das Vallemaggia berühren
Ponte Brolla – Tegna – Streccia – Dunzio – Aurigeno – Ronchini   3¾   62

30 Hinein ins Vallemaggia – von Ascona nach Maggia
Ascona – Avegno – Aurigeno – Maggia   6   64

31 Steine, Kunst, Geschichte – vereint im oberen Vallemaggia
Maggia – Lodano – Someo – Cevio – Bignasco   4¾   66

32 Von Bignasco ins überraschende Val Lavizzara
Bignasco – Mulini – Prato – Peccia – Mogno – Fusio   6½   68

33 Vom deutschsprachigen Bosco Gurin durchs Val Rovana
Bosco Gurin – Corino – Cerentino – Collinasco – Linescio – Cevio   4   70

34 In alpiner Kulisse hoch über Fusio
Fusio – Vacarisc di Fuori – Corte dell'Ovi – Lago di Mognola – Canà – Corte del Sasso –
Vacarisc di Fuori – Fusio   4¼   72

Sottoceneri

35 Ein Streifzug durchs einsame Val d'Isone
Isone – Cima di Dentro – Camarè – Medeglia   2¾   74

36 Durchs hügelige Hinterland von Lugano
Tesserete – San Clemente – Carnago – Lago d'Origlio – Origlio – San Zeno – Lamone   2¾   76

37 Denti della Vecchia – bizzare Felsen und fantastische Ausblicke
Cimadera – Capanna Pairolo – Alpe Bolla – Brè   4½   78

38 Aussichtsreicher Monte Brè und idyllischer Uferweg
Monte Brè – Gandria – Castagnola   2¼   80

39 Auf der «La Traversata» von Gipfel zu Gipfel
Alpe Foppa – Cap. Tamaro – Monte Tamaro – Bassa di Indemini – Bassa di Montoia –
Monte Pola – Monte Magno – Monte Lema   4¾   82

40 Auf dem «Sentiero del Castagno» durch den Malcantone
Arosio – Mugena – Vezio – Fescoggia – Breno – Miglieglia   3   84

41 Entlang der Grenze – von Ponte Tresa nach Fornasette
Ponte Tresa – Madonna del Piano – Molinazzo – Ponte-Cremenaga – Crocivaglio – Fornasette   2¼   86

42 Auf den Spuren Hermann Hesses auf dem Collina d'Oro
Montagnola – Agra – Bigogno – Montagnola   1¾   88

43 Vom Hausberg Luganos übers Künstlerdorf Carona nach Morcote
San Salvatore – Ciona – Carona – San Grato – Alpe Vicania – Vico Morcote – Morcote   3½   90

44 Hoch auf den Aussichtsberg, den Monte Generoso, im Mendrisiotto
Monte Generoso – Roncapiano – Molino – Muggio   2½   92

45 Im äussersten Winkel des Tessins – von Arzo nach Meride
Arzo – Costa di Prabello – Poncione d'Arzo – Crocifisso – Fontana – Meride   3   94

1

Auf dem Höhenweg durchs Val Bedretto

Gotthardpass/Galleria Bianchi – Cassina dei Sterli – Cap. Piansecco – All'Acqua
18 km, 5¾ Std.

Im kargen Gebiet des Gotthardpasses starten wir unsere Wanderung durchs Val Bedretto. Der meist bequem zu begehende **Höhenweg** führt uns durch das **Val Bedretto,** ein Grenztal der besonderen Art. Die Kantone Uri und Wallis sowie Italien und die Leventina berühren das **nördlichste Tal** des Tessins.

Beim Gotthardpass halten wir auf dem Bianchiweg der **Galleria Bianchi/Costini di Fieud** zu, wo wir anschliessend dem geteerten Aufstieg zum Höhenweg folgen, der mit dem Wegweiser «**Sentiero alto Val Bedretto**» markiert ist. Die erste Wanderstunde verläuft wenig spektakulär. Der Weg steigt weder stark an, noch brauchen wir uns Sorgen um unsere Knie zu machen. So geniessen wir denn die Aussicht über das Bedrettotal vom **Nufenenpass** bis nach Airolo. Wir überqueren die **Alpe di Vinei** und passieren den Cavanna-Bach. Von hier an ist der Weg abwechslungsreicher: Auf und ab über Alpwiesen und mit einem Blick hinunter ins Bedrettotal geniessen wir die herrliche Landschaft des Nordtessins. Beim **Punkt 1955** folgen wir der Höhenkurve hinauf zur **Cassina dei Sterli.** Wieder springen wir über einen Bach, den Ri di Bedretto. Blicken wir bachaufwärts erhebt sich der **Pizzo Pesciora** majestätisch am Horizont. Wir wandern weiter über die gleichnamige Alp, **Alpe di Pesciora.** Kleine morastige Flecken machen wir aus und das Gras wippt in der lauen Brise gemütlich hin und her. Bei einem mit Kabeln gesicherten Bachübergang gelangen wir auf die nächste Alp, die **Alpe di Ruino.** Lärchen und Tannen sind nun unsere Begleiter und wir erreichen bald die **Piansecco-Hütte.** 1995 wurde sie neu renoviert, feierlich eingeweiht und mit ihr auch der «**Sentiero alto della Val Bedretto**». Endlich gönnen wir uns eine längere Rast. Die selbst zubereiteten Speisen der Hüttenwartin munden uns vorzüglich und wir freuen uns auf den nächsten Abschnitt unserer Wanderung hinunter nach All'Acqua. Wer Lust hat, kann

Schwierigkeitsgrad
Mittelschwere Wanderung.

Richtzeit
Wanderzeit 5¾ Std.

An- und Rückreise
Ab Andermatt oder Airolo mit dem Postauto bis Gotthardpass. Das Postauto verkehrt von ca. Ende Juni bis Anfang Oktober – bitte Fahrplan beachten. Ab All'Acqua fährt das Postauto zurück nach Airolo – ebenfalls Fahrplan beachten.

Weitere Informationen
www.capanneti.ch
http://bellinzonaealto.ticino.ch

Gaumenfreuden
Piansecco-Hütte
(www.capanneti.ch)
Ristorante All'Acqua

6

dem Höhenweg noch bis zum Nufenenpass folgen.

Wir ziehen weiter und tauchen in den Wald hinein Richtung **All'Acqua.** Schnell verlieren wir an Höhe und wandern dem Talboden des Val Bedretto entgegen. Einst zählte das Tal ziemlich viele Einwohner, heute sind es vor allem die Touristen, die im Sommer das wunderschöne Tal besuchen. Länger als in anderen Tälern des Tessins liegt hier der Schnee und wir tun gut daran, uns vorher über die aktuelle Lage zu informieren.

In der Nähe von **All'Acqua** entspringt der **Ticino,** der sehr viel später in den **Po** mündet. All'Acqua ist der höchstgelegene Weiler im Bedrettotal und war vor vielen Jahren, als der **Saum- und Handelsverkehr** einsetzte, ein wichtiger Ausgangspunkt: Einerseits gelangt man von hier über den **Nufenenpass** nach **Ulrichen** im Obergoms (Kanton Wallis), andererseits verbindet der **Passo San Giacomo** das Bedrettotal mit dem italienischen **Val Formazza, dem Pomat.** So beenden wir unsere Wanderung in All'Acqua, wählen entweder das Postauto zurück nach Airolo oder eine Übernachtung in All'Acqua, um am nächsten Tag den Talweg durchs Val Bedretto in Angriff zu nehmen.

Von Airolo in die Leventina hinein

Standort Wanderwegweiser

Zum nächsten Zwischenziel
- ❶ Sentiero alto Val Bedretto
- ❷ All'Acqua

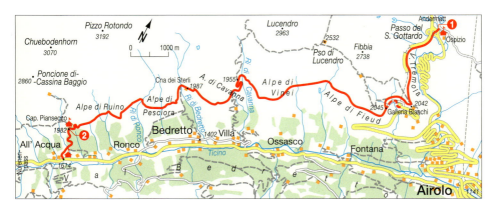

In der Talsohle des Val Bedretto

All'Acqua–Ronco–Ossasco–Fontana–Airolo 14 km, 4 Std.

Im malerischen Nordtessiner Weiler **All'Acqua** im hinteren Bedrettotal starten wir unsere Wanderung über den **«Sentiero basso Val Bedretto»** (Wegweiser: Strada bassa Bedretto) nach **Airolo**. Lärchen- und Tannenwälder, beeindruckende Bergkulissen und die für das Nordtessin typischen Holzhäuser erwarten uns. Früher versammelte sich die Tessiner Familie vor dem **«pigna»**, dem alten Steinofen in der Mitte des Hauses, um gemeinsam dem harten Winter zu trotzen. In keinem Tal der Schweiz gehen so viele **Lawinen** nieder wie im Bedrettotal. Früher gehörte das dunkle bedrohliche Donnern jedoch stärker zum Winteralltag, heute schützen Lawinenverbauungen Mensch und Umgebung vor den Schneeniedergängen.

Von All'Acqua wandern wir auf der linken Talseite durch lichte, wohlriechende Lärchenwälder nach **Ronco**. Der junge **Ticino** sucht sich seinen Weg Richtung Süden durchs Tal. Kurz vor den Häusern Roncos wechseln wir die Talseite, folgen ca. 50 Meter der Strasse, um bald durch den schattigen Tannenwald hochzusteigen. Abwechselnd über Alpweiden und durch Waldstücke wandern wir parallel zum Ticino und entdecken immer wieder die Gipfel der südlichen **Gotthardmassivkette** auf der gegenüberliegenden Talseite: Der **Pizzo Pesciora** (3120 m ü. M.), der **Pizzo Rotondo** (3192 m ü. M.) und der **Pizzo Lucendro** (2963 m ü. M.) markieren den Horizont. Im Sommer, wenn der Schnee geschmolzen ist, lässt sich der Pizzo Rotondo bezwingen, der den eifrigen Bergwanderer mit einem herrlichen Blick auf die Berner Viertausender belohnt.

Bald begrüssen uns die Dächer von **Bedretto** und **Villa** links vom Ticino. **1594** riss eine La-wine Kirche, Wohnhäuser und Pfarrhaus von Villa mit sich. Heute mutet der Kirchturm von Villa etwas unförmig an, ist er doch mit einem Lawinenbrecher versehen. Gemütlich wandern wir weiter talauswärts. Es geht vorbei an **Piei** und sachte senkt

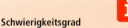

Schwierigkeitsgrad
Mittelschwere Wanderung.

Richtzeit
Wanderzeit 4 Std.

An- und Rückreise
All'Acqua ist mit dem Postauto ab Airolo oder auch Ulrichen im Kanton Wallis erreichbar – unbedingt Fahrplan beachten. Von Airolo gehen Bahn und Postauto in unterschiedliche Richtungen ab.

Weitere Informationen
www.leventinaturismo.ch
www.ticino.ch

Gaumenfreuden
Ristorante All'Acqua, All'Acqua
Ristoranti und Grotti, Fontana
Bars und Ristoranti, Airolo

Majestätisches Gotthardmassiv

sich der Weg durch den Tannenwald nach **Ossasco.** Auch hier begruben Schneemassen **1749** dreizehn Menschen. Magere Einnahmequellen und die harten Winter beeinflussten die Einwohner des Bedrettotals nachhaltig und zwangen viele das Tal zu verlassen. So zogen vor allem die Männer aus, um als **Marronibrater, Kellner oder Hausdiener** in Frankreich oder Italien saisonal einer Arbeit nachzugehen. Noch heute ist ein Rückgang der ständigen Wohnbevölkerung auszumachen, der aber in den Sommermonaten durch Rückkehrer und Feriengäste wettgemacht wird.

Wir geniessen nun weiter die friedliche Stille und Ruhe des Val Bedretto und wandern nach **Fontana.** Schon bald gelangen wir an den Knotenpunkt im Nordtessin, nach **Airolo.** Dem charmanten Städtchen fehlt die historische Kulisse, da ein grosser Brand 1877 sein Unwesen trieb, 1898 ein Felssturz niederging und 1951 der Rest des Dorfes einer Lawine zum Opfer fiel. Trotzdem finden wir hier in den Gassen und Ristoranti das charmante Airolo, das uns mit seiner unnachahmlichen Art in seinen Bann zieht.

Standort Wanderwegweiser

Zum nächsten Zwischenziel

❶ Ronco
❷ Strada bassa – Airolo

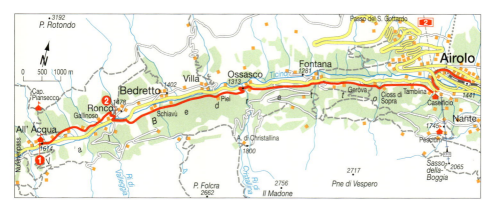

3

Von Airolo nach Osco – erste Etappe der Strada Alta

Airolo – Brugnasco – Altanca – Deggio – Lurengo – Osco 17,5 km, 5½ Std.

Auf dem alten **Säumer- und Maultierpfad** durchstreifen wir auf mittlerer Höhenlage die **Leventina**. Das Tal, das vor allem wegen des Gotthardtunnels und der Autobahn bekannt ist, wird uns überraschen und uns unvergessliche Erlebnisse bereiten.

Wir starten in **Airolo**, dessen historischer Charme längst nicht so ausgeprägt ist, wie dies in anderen Nordtessiner Dörfern der Fall ist. Herbe Rückschläge musste Airolo im Verlauf der Geschichte durch Lawinen, Steinschläge, Feuer und durch den Bau des Gotthardtunnels einstecken. Am Bahnhof wenden wir uns dem Wegweiser zu: Es scheint, als ob man von Airolo überall hinwandern könnte. So folgen wir dem Wegweiser **Richtung Brugnasco** und nehmen die **erste Etappe** der **Strada Alta**, die in ihrer Gesamtheit von **Airolo bis Biasca** reicht, in Angriff. Wir wandern hoch zur Gotthardstrasse und halten uns ge-

genüber vom Friedhof rechts in die kleine Strasse **Richtung Valle**. Dieser folgen wir und streifen dabei die kleinen charmanten Dörfer **Valle, Madrano** und **Burgnasco**. Wir streifen durch Wald, gelangen zur Mittelstation der Standseilbahn, die hinauf zum **Lago Ritóm** führt, und erreichen bald die Kirche von **Altanca**. Viele steigen hier in die Strada Alta ein, denn Altanca ist gut mit dem Postauto erreichbar. Wir setzen unsere Wanderung Richtung Südosten fort, überspringen einen Bach und stehen bald am höchsten Punkt unserer gesamten Wanderung auf der Strada Alta. Der kleine Weiler **Cresta di Sopra** liegt auf 1421 m über Meer und bietet uns einen schönen Blick auf die Leventina und die bewaldeten Hänge. Weit weg sind die rollenden Blechlawinen und wir entdecken die Zuckerseite der Leventina, die man zu Unrecht immer so schnell durchfährt.

Wir folgen der Strasse abwärts nach **Ronco** und zweigen kurz nach dem Dorf rechts in den alten Saumweg ein. Der Wiesen-

Schwierigkeitsgrad
Mittelschwere Wanderung.

Richtzeit
Wanderzeit 5½ Std.

An- und Rückreise
Airolo ist gut mit der Bahn von Norden und Süden her erreichbar. Wer nicht in Osco nächtigen möchte, kann mit dem Postauto (bitte Fahrplan beachten) nach Faido und dort auf die Bahn gegen Norden oder Süden umsteigen.

Weitere Informationen
www.leventinaturismo.ch
www.osco.ch
www.stradaalta.ch

Gaumenfreuden
Osteria Salzi, Osco
Ristorante Marti (mit Zimmern), Osco
Unterwegs in den Dörfern finden wir immer wieder eine Möglichkeit zum Einkehren.

Das charmante Madrano heisst uns willkommen

pfad bringt uns nach **Deggio**, das mit schönen und Blumen geschmückten Holzhäusern aufwartet. Eine gute halbe Stunde wandern wir weiter auf der geteerten Strasse, die nach 10 Minuten in ein kleines Alpsträsschen einmündet. Ganz in der Nähe liegt die **älteste Kirche der Leventina,** die **Kapelle San Martino,** die auf das **11. Jahrhundert** zurückgeht. Langsam steigt das Strässchen an und bei den letzten Häusern am Waldrand betreten wir einen Naturweg. Schmetterlinge flattern hin und her, Grillen zirpen, das verteilte Heu versprüht einen betörenden Geruch und wir setzen munter unsere Wanderung fort. Nach **Lurengo** tauchen wir in einen märchenhaften Wald ein.

Abwechslungsreich werden wir vorbei an knorrigen Bäumen, Bächen, Felsen und Steinen geleitet. Holprig steigen wir gegen **Freggio** hinunter, von wo wir eine wunderschöne Aussicht haben – natürlich ist diese noch besser, wenn die Sitzbank noch nicht besetzt ist. Die Leventina liegt uns zu Füssen und im Norden erkennen wir die Kehrtunnels der **Gotthardbahn**.

Bei der Kirche von **Freggio** steigt die Strada Alta links Richtung Osco an. In Kehren erreichen wir über Wiesen die Anhöhe Modrengo, von wo wir bereits **Osco,** unser Tagesziel, erblicken. Durstig und hungrig erreichen wir das kleine Dorf. Der **Dorfbrunnen** tut sein Erstes und wer hier übernachtet, wird abends sicherlich erfolgreich gegen den Hunger ankämpfen können.

Standort Wanderwegweiser

Zum nächsten Zwischenziel

❶ Strada Alta Altanca
❷ Lurengo
❸ Freggio
❹ Osco

4

Von Osco nach Anzonico – zweite Etappe der Strada Alta

Osco–Calpiogna–Rossura–Tengia–Calonico–Monti di Cò–Anzonico
13 km, 4¼ Std.

Wir haben die Augen bereits in **Osco** aufgeschlagen, beim reichhaltigen Frühstück über die Ovotassen im Retrolook geschmunzelt und machen uns nun auf, die zweite Etappe der **Strada Alta** kennen zu lernen. Wir verlassen Osco, einst ein **wichtiger Umschlagplatz im Säumerverkehr,** auf der Fahrstrasse in östlicher Richtung. In der ersten Kurve zweigt unser Weg links ab und die Strada Alta hat uns wieder. Der vor uns liegende Streckenabschnitt führt uns durch einen wunderschönen Wald. Wir überspringen die Bäche **Ri del Ri** und **Ri di Sciresa** und erreichen bald das **Maiensäss Targnett,** das heute verlassen vor uns liegt.

Wir überwinden das kleine Bachtal Formiéi, um sogleich kurz zum Dorf **Calpiogna** anzusteigen, das genau oberhalb von Faido liegt. Kurz nach der Osteria La Baita zweigt unser Weg rechts ab und führt uns über Wiesen und hirein in den Wald. Im Wald ignorieren wir jede Abzweigung, ausser jene, die mit Strada Alta ausgeschildert sind. Wir laufen auf relativ weichem Boden, erreichen den Taleinschnitt des **Ri Bassengo** und steigen dann hinauf zum Weiler **Figgione.** Dort wandern wir auf dem alten Saumweg weiter zum Dorf **Rossura.** Die Steindächer des Haufendorfs erinnern an die Zeit der Säumer. Die **romanische Kirche SS Lorenzo e Agata** von Rossura ist eine kleine Pause wert. Sie steht inmitten der grünen Wiese am Ortsrand und schaut erhaben über die Leventina.

Unser Weg verläuft oberhalb der Dorfstrasse weiter und führt uns ins Dörfchen **Tengia,** das uns mit seinen schönen Steinhäusern überzeugt. Immer wieder entdecken wir auch Holzkonstruktionen, die zwar fürs Tessin nicht typisch, aber Zeugnis der einstigen Urner Herrschaft sind. Beim **Doppelbrunnen** am oberen Dorfrand teilt sich der Weg. Der **rechte Wanderweg** führt über **Calonico** nach Anzonico. Der **linke und obere,** den wir wählen, steigt von Tengia **Richtung Monti di Cò** an. Wir wandern

Schwierigkeitsgrad
Mittelschwere Wanderung.

Richtzeit
Wanderzeit 4¼ Std.

An- und Rückreise
Mit der Bahn bis Faido und von da aufs Postauto nach Osco umsteigen (bitte Fahrplan beachten). Wer nicht in Anzonico nächtigen möchte, kann mit dem Postauto (bitte Fahrplan beachten) nach Lavorgo fahren und da aufs Postauto Richtung Airolo oder Biasca umsteigen.

Weitere Informationen
www.leventinaturismo.ch
www.stradaalta.ch

Gaumenfreuden
Osteria Anzonico
(www.osteriaanzonico.ch)

12

Im Nu über einen der unzähligen Bäche

derweg treffen. Leichten Fusses, ohne grosse Anstrengungen und in der bewaldeten Kulisse nähern wir uns **Anzonico**. Die Häuser drängen sich aneinander und blicken alle in Richtung Leventina. Anzonicos **Kirche San Giovanni Battista** wurde 1667 erbaut, nachdem eine Lawine das frühere Gotteshaus zerstört hatte. In der **Osteria Anzonico** schlagen wir unser Nachtlager auf, denn wir wollen am nächsten Tag die dritte Etappe der Strada Alta begehen. Wer die Strada Alta verlassen möchte, kann mit dem Postauto nach Lavorgo fahren und sich von dort auf die Weiter- oder Heimreise begeben.

auf dem Fahrweg in weiten Kehren über Wiesen und entdecken einen imposanten Wasserfall. Bald haben wir den kleinen **Weiler Sorsello** erreicht. Wir setzen unseren Weg über die Wiesen hinauf zu den Alpweiden von **Cò** fort. Die bunte Blumenpracht sowie eine unglaubliche Fernsicht belohnen uns für unsere Mühe und wir sind froh, dass wir den etwas längeren Weg gewählt haben. Wir lassen uns bei den Alphütten für eine ausgedehnte Rast nieder und strecken unsere strapazierten Glieder in der Wiese aus.

Von den Monti di Cò wandern wir gestärkt über die Vorsässen **Ravatoi** und **Casioni** in den Wald **Bosco Salvagata** hinein, wo wir auf den Varianten-Wan-

Standort Wanderwegweiser

Zum nächsten Zwischenziel

❶ Calpiogna
❷ Rossura
❸ Monti di Co
❹ Anzonico

5

Von Anzonico nach Biasca – dritte Etappe der Strada Alta

Anzonico – Cavagnago – Sobrio – Conzanengo – Pollegio – Biasca 16,5 km, 5¼ Std.

Heute steht die letzte Etappe des Wanderklassikers, der **Strada Alta,** auf dem Programm. Der alte Säumer- und Maultierpfad ist **über 40 Kilometer** lang und entspricht in weiten Teilen dem alten Maultierpfad der Gotthardroute, der **Via gentium.** Während wir auf der zweiten Etappe eher in der Abgeschiedenheit gewandert sind, werden wir heute wieder durch typische Nordtessiner Dörfer und Weiler streifen und die **wildromantische Seite** der unteren Leventina kennen lernen.
Bei der kleinen **Kapelle Sant' Antonio** (17. Jahrhundert) treten wir auf die Strada Alta. Beim Aufstieg über die Wiesen geniessen wir einen herrlichen Weitblick gegen Süden in die Leventina. Im Wald wandern wir weiter zu den **Alphütten von Segno,** wo uns die **mittelalterliche Kirche Sant'Ambrogio** mit ihrem freistehenden Campanile empfängt. Wahrscheinlich wurde sie im **13. Jahrhundert** erbaut und wartet mit **Fresken** aus dem **15.–16. Jahrhundert** auf. Wer die Kleinkirche besichtigen möchte, kann den Schlüssel im nahe gelegenen **Ristorante La Faura** holen. Weiter geht es bergab nach **Cavagnago,** wo wir bei der Kirche die Fahrstrasse kreuzen. Wir gehen auf dem Wanderweg weiter, der unterhalb der Fahrstrasse parallel am Hang entlang weitergeht. Durch den Wald, der von Kastanien bestimmt wird, und über kleine Bäche erreichen wir bald die tektonische Terrasse, auf welcher die beiden Dörfer **Ronzano** und **Sobrio** liegen. Unterhalb von **Ronzano** steht die **Pfarrkirche San Lorenzo** mit Friedhof und Kreuzwegstationen. Sobrio befindet sich ca. 800 Meter über dem südlichen Eingang des Gotthard-Basistunnels und ist das unterste Dorf auf der linken Leventina-Seite. Auf der Sonnenterrasse der Osteria Ambrogini ist von Juni bis Oktober eine Hörstation zum Thema Gotthardgeschichte in Betrieb.
Auf unserem nächsten Teilstück entdecken wir die wildromantische Seite der Leventina. Wir wandern hinauf zum Rast- und Spielplatz **Valècc.** Ginsterhänge

Schwierigkeitsgrad
Mittelschwere Wanderung.

Richtzeit
Wanderzeit 5¼ Std.

An- und Rückreise
Mit dem Postauto von Lavorgo nach Anzonico (bitte Fahrplan beachten). Ab Biasca mit der Bahn gegen Norden oder Süden.

Weitere Informationen
www.leventinaturismo.ch
www.stradaalta.ch

Gaumenfreuden
Ristorante La Faura, Segno
Osteria Ambrogini, Sobrio
Unterwegs in den Dörfern finden wir immer wieder eine Möglichkeit zum Einkehren.

sind unsere Wegbegleiter und wir tauchen in die imposante **Felsschlucht Vallone** ein. Es geht über Felshänge hinab, dann über eine Holzbrücke und eine Steintreppe, die zu begehen unsere ganze Aufmerksamkeit erfordert: Nässe und Pflanzen machen die Steinstufen besonders glitschig. Bald treten wir aus dem tief eingeschnittenen Tal hervor und wandern weiter zum kleinen **Weiler Bidrè.** Von hier neigt sich der Weg langsam gegen das Tal. Durch den Wald und vorbei an der alten Bärengrube wandern wir auf dem Höhenweg **Richtung Diganengo,** das wir nach einem kurzen Aufstieg erreichen. Auf dem Waldweg beginnen wir mit dem Abstieg und wandern in weiten Kehren zum **Weiler Corecco,** wo wir noch einmal eine Rast einlegen. Denn nun heisst es, sich von der Strada Alta langsam zu verabschieden. Der Weg wird etwas ruppiger, ist aber dennoch gut zu begehen, und mündet kurz vor **Pollegio** in eine Steintreppe, über welche wir den Talboden erreichen. Wir

Gemütlicher Nachmittagsjass

halten uns auf der Strasse rechts und gelangen ins Zentrum von Pollegio. Hier können wir aufs Postauto nach **Biasca** zusteigen und gemütlich unser Tagesziel erreichen oder aber wir machen uns auf, auch das letzte Teilstück per pedes zurückzulegen. Über **Pasquerio** und **Ponte** gelangen wir auf Nebenstrassen nach Biasca, wo einst die Säumer einen Zwischenstopp einlegten und wir mit einem gewissen Stolz auf unsere **drei Strada Alta-Etappen** zurückblicken.

Standort Wanderwegweiser

Zum nächsten Zwischenziel

❶ Cavagnago
❷ Sobrio
❸ Diganengo
❹ Pollegio
❺ Biasca

6

In unberührter Alpenlandschaft um den Lago Ritóm

Stazione Piora–Alpe Ritóm–San Carlo–Cadagno di Fuori–Alpe di Piora–Piora–
Stazione Piora 11,5 km, 3¼ Std.

Hoch zum **grössten Bergsee** des Kantons Tessin geht es mit einer der **steilsten Standseilbahnen Europas.** In der roten Kabine erleben wir eine maximale **Steigung von 87,8 Prozent** – unsere Wanderung beginnt also mit einer Superlative der besonderen Art! Die Standseilbahn befördert uns auf 1794 m ü. M. und bei der Bergstation geniessen wir einen herrlichen Blick Richtung Süden in die Leventina. Auf einem geteerten Strässchen wandern wir hoch **Piora** entgegen und erreichen bald die Staumauer (erbaut 1919) des **Lago di Ritóm.** Der Speichersee versorgt die Gotthardbahn mit dem notwendigen Druck für die Stromversorgung. Bei der Staumauer halten wir uns links Richtung **Cap. Cadagno.** Am Nordwestufer des Lago di Ritóm wandern wir auf einem breiten Uferweg. Das herrliche Blau des Sees und die grünen Alpwiesen geben ein harmonisches Bild ab. Gerade im Juli und August verwandelt sich die Gegend in einen einzigartigen bunten Flickenteppich! Über **500 Pflanzenarten** sind im Val Piora zuhause und bei viel Glück treffen wir auf Birkhühner, Murmeltiere, Gämsen ...

Linker Hand erhebt sich der **Carmoghè** (2357 m ü. M.) und wir streifen über die **Alpe Ritóm.** Wir überwinden eine kleine Geländestufe und erspähen die **Kapelle San Carlo.** Hier lassen wir uns für eine kurze Rast nieder und geniessen die wohltuende Aussicht.

Munter setzen wir unseren Weg fort. Wir überqueren den Verbindungsbach vom Lago Cadagno zum Lago di Ritóm und die Häuser des kleinen Ortes **Cadagno di Fuori** heissen uns willkommen. In unmittelbarer Nähe des Ritómsees liegen der **Lago di Tom** (mit weissem Sandstrand!) und der **Lago Cadagno,** der besonders für Forscher von grossem Interesse ist: Im alpinen Zentrum am Lago di Cadagno gehen Forscher dem Phänomen **Meromixis** auf den Grund. Das Wasser ist im Cadagnosee in zwei Schichten getrennt. Die obere Schicht ist reich an Sauer-

Schwierigkeitsgrad
Leichte Wanderung.

Richtzeit
Wanderzeit 3¼ Std.

An- und Rückreise
Mit der Bahn bis nach Airolo, da aufs Postauto nach Piotta umsteigen und bis zur Talstation der Standseilbahn Funicolare Ritom (1. Juni bis 31. Oktober) fahren.

Weitere Informationen
www.ritom.ch
www.lagoritom.com

Gaumenfreuden
Canvetto del Carletto,
Cadango di Fuori
Alpkäserei Piora, Alpe di Piora
Ristorante Lago Ritom
(www.lagoritom.com)

stoff und ideal für Fische, die untere Schicht sehr sauerstoffarm. Das Besondere? Die beiden Schichten vermischen sich nie, ein Phänomen, das nur in wenigen Seen der Welt vorzufinden ist.

Über die **Alpe Piora** geht es weiter. Wir geniessen die herrliche Bergluft und schauen den Kühen zu, die hier auf dem grössten Weidegebiet des Kantons Tessin sömmern. In der **Alpkäserei Piora** erstehen wir ein Stück des Piora-Käses, eines Käses von Weltruf, wie die Einheimischen mit Stolz geschwellter Brust sagen!

Bald zweigt der Weg Richtung **Pinett-Piora** rechts ab (beim Punkt 2029). Links würde es zur Cap. Cadagno hinaufgehen. Sie ist ein idealer Ausgangspunkt für die schönsten Touren durchs Val Piora – vielleicht das nächste Mal!

Wir überqueren den Murinascia Grande auf einer **kleinen Steinbrücke** und tauchen in einen beschaulichen Föhrenwald ein. Auf dem weichen Waldpfad streifen wir kleine Moore und Seen. Ehe wir uns versehen, haben wir den Lago Ritóm umrundet und

Herrlicher Lago Ritóm

Piora erreicht. Das Ristorante Lago Ritóm kurz vor der Staumauer lockt und wir geniessen Tessiner Spezialitäten in unvergesslicher Umgebung. Ein Stück Piora-Käse darf hierbei natürlich nicht fehlen.

Frisch gestärkt wandern wir zurück zur **Bergstation der Standseilbahn** und fahren mit vielen Eindrücken zurück nach Piotta.

Standort Wanderwegweiser

Zum nächsten Zwischenziel

① Piora – Lago Ritóm
② Cap. Cadagno SAT
③ Pinett – Piora
④ Stne Piora

7

Zum Trichter der Leventina – dem Lago Tremorgio

Rodi-Fiesso – Alpe Cassin di Vènn – Cap. Tremorgio – Lago Tremorgio – Seilbahn – Rodi-Fiesso 7 km, 3½ Std.

Von der verkehrsreichen Leventina nehmen wir im kleinen **Rodi-Fiesso** Abschied und winden uns durch den Kühle versprechenden Bergwald hinauf zum **Lago Tremorgio**. Dessen eigentümlich wirkender Name soll vom dialektalen «**tramoggio**» – **Trichter** – stammen. Passend, doch zuerst machen wir uns an den Aufstieg, der uns ziemlich viel Energie abverlangen wird.

Bei der **Talstation der Seilbahn Tremorgio** (950 m ü. M.) folgen wir dem Wegweiser **Richtung Lago Tremorgio**. Der Wald empfängt uns und der gut ausgebaute Bergweg führt uns in vielen Serpentinen durch den steilen Hang. Auf der kleinen **Alp Cassin di Vènn** halten wir zur Rast. Die bunten Alpenblumen schaukeln im Wind und das Summen der Bienen schläfert uns ein. Die friedvolle Atmosphäre und der ganz eigentümliche Tessiner Duft betören uns und geben uns gleichzeitig Kraft für die nächsten Höhenmeter.

Insgesamt überwinden wir **900 Höhenmeter** bis zum Lago Tremorgio. Also auf, auf, denn die Alp Cassin di Vènn (1378 m ü. M.) liegt erst knapp auf halber Strecke! Langsam und mit gleichmässigem Schritt bezwingen wir den Hang und treffen nach etwa 2½ Stunden Wanderzeit glücklich bei der **Capanna Tremorgio** (1848 m ü. M.) ein. Die steingedeckte Capanna liegt beschaulich im Fichten- und Lärchenwald und von den Holzbänken der Terrasse blicken wir auf den tiefblauen Lago Tremorgio. Nicht ohne Grund erzählen viele, dass es sich hierbei um einen der schönsten Bergseen des Tessins handelt.

Wir entscheiden nun, ob wir die Umrundung des Lago in Angriff nehmen oder doch noch ein wenig auf der Terrasse der Capanna verweilen möchten.

Der Name des Bergsees ist Programm: Seine 60 Meter Tiefe sowie die kreisrunde Form mahnen an einen Trichter. Seit 1924 dient

Schwierigkeitsgrad
Mittelschwere Wanderung.

Richtzeit
Wanderzeit 3½ Std.

Anfahrt
Rodi-Fiesso ist mit dem Postauto ab Airolo oder Dalpe erreichbar. Die Haltestelle befindet sich in unmittelbarer Nähe der Talstation. Über Betriebszeiten und Fahrplan der Seilbahn Tremorgio informiert die Nummer 091 867 12 52.

Weitere Informationen
www.leventina-tourism.ch
www.capannatremorgio.ch

Gaumenfreuden
Capanna Tremorgio
Ristoranti und Bars
in Rodi-Fiesso

Der Lago Tremorgio

er als Speicherbecken des Kraftwerks Rodi. Wir umrunden den See und wandern am nördlichen Seeufer entlang. Vor uns erhebt sich der **Pizzo Tremorgio** (2669 m ü. M.), der von geübten Wanderern bestiegen werden kann. Die schroffen Felsen bilden einen schönen Kontrast zum friedlich anmutenden Lago Tremorgio. Über Cna Nuova gelangen wir wieder zur Capanna, wo wir einkehren und die Aussicht geniessen. Die Hütte bietet sich an für weitere Touren. Wer hier nächtigen möchte, soll sich beim Hüttenwart melden (Voranmeldung von Vorteil).

In unmittelbarer Nähe der Capanna liegt die **Bergstation der Seilbahn Tremorgio,** die uns, ohne unsere Knie zu strapazieren, gemütlich nach **Rodi-Fiesso** zurückbringt.

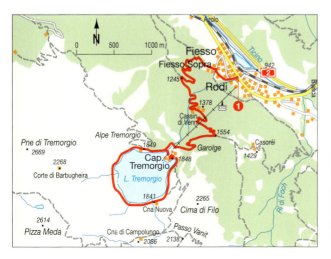

Standort Wanderwegweiser

Zum nächsten Zwischenziel

❶ Lago Tremorgio

8

Durch den Oberteil des Valle di Blenio nach Campra

Alpe Casaccia – Campra 9 km, 2¾ Std.

An der Haltestelle **Alpe Casaccia**, wo der Kanton Graubünden nur wenige Schritte entfernt liegt, starten wir mit unserer Wanderung. Das Gebiet des **Lukmanierpasses**, des **niedrigsten Alpenpasses** (1916 m ü. M.) der Schweiz, überrascht uns mit Tannen und weichen Alpwiesen, die uns eher an den Jura als ans Tessin erinnern. Bereits die **Kelten und Römer** nutzten den Lukmanierpass zum Transitverkehr und sogar der deutsche **Kaiser Otto der Grosse** zog dreimal über den Passo del Lucomagno, um mit den Sarazenen aufzuräumen, die im 12. Jahrhundert ihr räuberisches Unwesen im Bleniotal trieben.

Mit dem zunehmenden Ausbau der Gotthardroute verlor der Lukmanierpass an Bedeutung. So wandern wir heute im Oberteil des Bleniotals, im **Valle Santa Maria**, in eher ruhiger Atmosphäre. Ein paar Motorräder hören wir und fröhliches Lachen der Familen, die auf den Wiesen ihre Decken zum Picknick ausgebreitet haben.

Wir packen unsere Rucksäcke und folgen dem Wegweiser zur **Alpe Cana**. Der Weg führt über die sanfte Alpwiese und steigt dann kurz über **Campo Solario** und ein idyllisches Hochmoor zu den Steinhäusern von **Stabbio nuovo** an. Schöne Ferienhäuser in unbeschreiblicher Lage – die geschlossenen Fensterläden lassen dies vermuten.

Der Wegweiser zeigt uns die Richtung nach **Campra** an und wir setzen unsere Wanderung fort. Bald gelangen wir an den höchsten Punkt (Pkt. 1960) unserer Wanderung, wo wir einen sensationellen Blick auf das **Rheinwaldhorn** oder, wie die Tessiner sagen, auf die **Adula** geniessen. Das Rheinwaldhorn ist mit 3402 m über Meer der **höchste Punkt** im Kanton.

Das Valle di Blenio überrascht uns und zeigt, dass die Sonne hier zuhause ist. Die Talbewohner nennen denn ihr Tal auch liebevoll **«Val di Sole»**. Wir wandern entlang des **Ri di Lareccio** Richtung Osten. Der Pfad ist nicht mehr so deutlich auszumachen, so orientieren wir uns an den Markierungen auf den Stei-

Schwierigkeitsgrad
Leichte Wanderung.

Richtzeit
Wanderzeit 2¾ Std.

Anfahrt
Mit der Bahn bis Biasca, da umsteigen aufs Postauto nach Olivone. Hier fährt ein kleiner Bus viermal täglich zur Alpe Casaccia und dann weiter zum Lukmanierpass.
Von Campra steigen wir wieder in den kleinen Bus und in Olivone um aufs Postauto nach Biasca.

Weitere Informationen
www.valledibenio.ch
www.campra.ch

nen. Vor der Brücke über den Bach gelangen wir wieder auf einen Weg. Bei der **Verzweigung** (Pkt. 1745) halten wir uns **rechts** und durchqueren abwechslungsweise lichte Waldstücke und Alpwiesen. Beim **Punkt 1746** wählen wir wiederum den rechten Weg und erreichen über **Frodalera** die einsame und schön gelegene **Alp Brönich.** Die Tessiner Bergbauern sömmern hier ihr Vieh und wir rasten an einem sonnigen Plätzchen.

Mit Leckereien aus dem Rucksack verpflegt setzen wir unseren Streifzug fort. Ostwärts setzen wir Fuss vor Fuss, halten uns beim **Punkt 1652 rechts** und wandern dem Waldrand entlang, bis wir wieder auf den Weg treffen. Bald erreichen wir die Passstrasse, die wir beim **Punkt 1686** überqueren. Der Wanderweg verläuft nun parallel zum **Brenno del Lucomagno,** der bei Biasca in den Ticino mündet.

Alpe Piano

Sachte senkt sich der Weg und wir kommen **Campra** immer näher, doch vorerst streifen wir das moorige Gebiet von Campra di Là, wo wir links gehen. Es folgt ein Stück auf einer befestigten Strasse, die wir in der Kurve rechter Hand verlassen. Immer geradeaus halten wir auf das **Centro sci nordico, Campra** zu. In welch herrlicher Kulisse – verschneite Kiefernwälder und sanfte Hügel – können sich hier Langläufer tummeln! Wir hingegen wischen uns den Schweiss der Sommersonne von der Stirn und steigen beim **Centro** in den Bus ein, der uns zurück nach Olivone bringt.

Standort
Wanderwegweiser

Zum nächsten Zwischenziel

❶ Alpe Cana
❷ Campo Solano
❸ Stabbio Nuovo
❹ Campra

9

Heilkräuter und Schokolade auf dem «Sentiero basso della Valle di Blenio» – erste Etappe
Olivone – Aquila – Dangio – Torre – Lottigna – Acquarossa 12 km, 3½ Std.

Wer das Bleniotal durchstreift, wird immer wieder von besonderen Düften überrascht. Viele Heilkräuter wachsen hier und in Olivone ist das **Istituto Alpino di Fitofarmacologia** zuhause, das die Qualität der Kräuter kontrolliert. Bereits im Mittelalter kontrollierte Olivone und zwar mittels Wegzoll den Warenverkehr zum Lukmanierpass. Das **Museo San Martino** im historischen **Cà da Rivöi**, einem ehemaligen Pfrundhaus, erzählt von den vergangenen Zeiten und den **Blenieser Traditionen**.

Bei der Haltestelle **Olivone/Posta** machen wir uns auf Richtung **Aquila**. Bei der **Kirche San Martino** steigen wir zum Wegweiser hoch und halten uns rechts. Wir passieren einen alten Waschbrunnen und nach zwei Minuten folgen wir dem Pfad, der nach rechts abzweigt. Nochmals drehen wir uns um: Majestätisch erhebt sich hinter Olivone der pyramidenförmige **Monte Sosto** (2221 m ü. M.).

Wir wandern durch die wunderbare Landschaft und erreichen bald **Aquila**. Die blumengeschmückten **Steinhäuser**, die sehenswerte **Kirche San Vittorio** und das intakte Dorfbild begrüssen uns. Alljährlich findet hier das **Marienfest** unter Beteiligung napoleonischer Milizen in historischen Uniformen statt. Gedenkt wird der Schweizer Söldner, die **1812** im **Russlandfeldzug** ihr Leben verloren. Blenieser Soldaten gelobten auf dem Schlachtfeld, dass sie in ihren Uniformen der Madonna Dienst tun wollten, wenn sie denn diese Schlacht überleben sollten.

Von Aquila wandern wir etwas aufwärts nach **Dangio**. Eine nächste Sehenswürdigkeit überrascht uns: die **Schokoladenfabrik Cima Norma**. Bis in die 1960er-Jahre hinein produzierte die Fabrik für Grossverteiler in der ganzen Schweiz leckere Schokolade. Heute steht sie imposant, aber geschlossen vor uns und wenn man sich ganz arg konzen-

Schwierigkeitsgrad
Leichte Wanderung.

Richtzeit
Wanderzeit 3½ Std.

An- und Rückreise
Olivone ist ab Biasca mit dem Postauto erreichbar, bitte Fahrplan beachten. Ab Acquarossa fährt das Postauto zurück nach Biasca. Es empfiehlt sich in Acquarossa zu übernachten und den **zweiten Teil** des **Sentiero basso** in Angriff zu nehmen.

Weitere Informationen
www.vallediblenio.ch
www.blenio.com
http://museodiblenio.vallediblenio.ch

Gaumenfreuden
Verschiedene einladende Grotti sind in jedem Dorf entlang des Sentiero basso zu finden.

22

triert, meint man einen Hauch Schokolade zu erschnüffeln. Das Bleniotal hat stark unter der Schliessung (1968) der Fabrik gelitten, ging doch eine Grosszahl von Arbeitsplätzen verloren.

Hinter dem Fabrikgebäude gelangen wir wieder auf unseren Wanderweg. Er führt uns hinauf in den Wald und bei der kleinen **Kapelle San Salvatore** laden Bänke und Tische zu einer Rast ein. Gestärkt geht es entlang der Trockenmauer bergab, wir treffen auf eine kleine Strasse, folgen dieser, um gleich wieder links auf einen schönen Pfad einzubiegen, der uns ins Dorfzentrum von **Torre** bringt.

Wir zielen unsere nächste Station, **Lottigna,** an. Von Torre wandern wir zuerst ca. 10 Minuten der Strasse entlang, um bei der Trattoria «Alla Baracca» dem nach rechts abzweigenden Wanderweg über **Grumo** nach **Lottigna** zu folgen. In Olivone konnten wir bereits einen Eindruck über die Geschichte des Bleniotals gewinnen, hier in Lottigna steht das **Museo di Blenio,** das noch vieles mehr aus längst vergangenen Zeiten zu berichten weiss. Die schönen **Wappenmalereien** zieren den stattlichen Bau aus dem **15. Jahrhundert.** Nach dem Museum zweigt links ein etwas unscheinbarer Pfad Richtung Acquarossa ab. Wir folgen ihm und halten uns dann links geradeaus. Nach den letzten Häusern von Lottigna tauchen wir in einen Laubwald ein. Wo der breite Waldweg sich teilt, folgen wir dem unteren Weg dem Zaun entlang. In weiten Kehren senkt sich der Weg zur **Brücke von Acquarossa,** die wir überqueren. Es geht nach rechts und nach einer kleinen Steigung haben wir die Busstation, die ehemalige Endstation der Bleniobahn, **Acquarossa–Comprovasco** erreicht. Von hier fahren wir mit dem Postauto zurück nach Biasca oder suchen uns ein Nachtlager, um am nächsten Tag den **zweiten Teil des Sentiero basso** zu begehen. Mit einem kleinen Spaziergang zu den **Thermen von Acquarossa** und einem wohlverdienten **Blenieser Abendessen** können wir diesen wunderbaren Tag beschliessen.

Farbenfrohe Wegkapelle

Standort Wanderwegweiser

Zum nächsten Zwischenziel

① Sentiero basso – Aquila
② Dangio
③ Torre
④ Lottigna
⑤ Acquarossa

10

Geschichtsträchtiges auf dem «Sentiero basso della Valle di Blenio» – zweite Etappe

Acquarossa–Dongio–San Remigio–Semione–Loderio–Biasca Stazione
13,5 km, 3½ Std.

Heute sind die Quellen leider versiegt, doch früher badeten hochherrschaftliche Leute in den **Thermalquellen von Acquarossa**. Zwei eisenhaltige Thermalquellen füllten die Badebecken, das **rötliche Wasser** gab der grössten Gemeinde des Bleniotals ihren Namen.
Wir starten in **Acquarossa–Comprovasco** mit unserem zweiten Streckenabschnitt durchs **«Valle del Sole»**. Der **«Sentiero basso della Valle di Blenio»** führt uns auf der rechten Talseite Richtung **Dongio**. Der Brenno, der später in den Ticino mündet, ist dabei unser Weggefährte. Wir wandern eine gute halbe Stunde auf einer geteerten Strasse, bis wir den Naturweg des **«Sentiero basso via San Remigio»** erreichen, dem wir geradeaus folgen. Wir passieren **San Remigio,** eine äusserst sehenswerte Kirche aus dem **11. Jahrhundert** mit **romanischen Fresken** (wahrscheinlich 13. Jahrhundert). Auf der linken Talseite entdecken wir die Häuser von **Dongio. 1785** polterten **Felsen** nieder und begruben einen Teil des Dorfes unter sich. Drei **Söhne Dongios** trugen die Schönheit des Bleniotals in Form von Schokolade in die Welt hinaus: **Carlo, Giuseppe** und **Giovanni Gatti** zogen im 19. Jahrhundert aus, um in London Schokolade herzustellen. Sie eröffneten Geschäft um Geschäft und gelangten zu grossem Wohlstand. Bis ins 20. Jahrhundert gab es in Dongio noch eine **Schokoladenfabrik,** die daran erinnerte, wie einst die **Blenieser Cioccolatieri** nach London, Mailand und Spanien auswanderten.

Unsere Wanderung führt durch einen kühlen Wald, vorbei an einer kleinen Kapelle, **Monastro,** und wir traversieren die Sentida. Kurz darauf gelangen wir auf eine Strasse, die wir alsbald auf dem nach rechts abzweigenden Pfad (Wegweiser **«Sentiero basso via Semione»**) verlassen. Der romanische Glockenturm von **Ludiano** weist uns den Weg. Wir durchstreifen das schöne Dörfchen und wandern durch Rebhänge, Kastanienwald und vorbei an Felsen und Tro-

Schwierigkeitsgrad
Leichte Wanderung.

Richtzeit
Wanderzeit 3½ Std.

An- und Rückreise
Mit Bahn oder Bus bis Biasca, da umsteigen aufs Postauto nach Acquarossa. Von Biasca fahren Bahn oder Bus Richtung Bellinzona, Lugano, Locarno und Airolo.

Weitere Informationen
www.vallediblenio.ch
www.blenio.com

Gaumenfreuden
Verschiedene einladende Grotti am Weg gelegen (die meisten öffnen erst ab Anfang Mai).

24

Jahrhundertealte Ruinen des Castello Serravalle

auf der Strasse den Brenno zu überqueren und auf der **linken Talseite** weiter nach **Biasca** zu wandern. Die Bahntrasse der einstigen **Bleniobahn** bringt uns unserem Ziel näher. Bald gelangen wir auf die Lukmanierpassstrasse und halten uns gleich wieder links auf der Strasse, die uns ins **Zentrum und zum Bahnhof von Biasca** führt. Keinesfalls sollte man Biasca verlassen, ohne in einem der **berühmten Grotti** eingekehrt zu sein!

ckenmauern zum **Castello Serravalle.** Trutzig stehen die Burgruinen vor uns und laden uns zu einer Zeitreise ein. In der zweiten Hälfte des 12. Jahrhunderts soll die Festungsanlage an dieser Stelle auf einem Felsriegel erbaut worden sein. Am Abgrund steht die sehenswerte Kapelle **Santa Maria del Castello.** Die Burg diente als Tal- und Zugangskontrolle zum Lukmanierpass und als kaiserliches Nachtlager von **Friedrich I. Barbarossa.** Kriegswirren liessen die Festung immer wieder in neue Hände fallen. Im 13. Jahrhundert vergrösserte die Adelsfamilie Visconti die Burg. **1402** aber wurde das Castello bei einem Aufstand des Landvolkes gegen die **Pepoli**, ein Adelsgeschlecht aus Bologna und die damaligen Herren der Burg, endgültig zerstört.

Nachdem wir die vielfältige Geschichte aufgesogen haben, setzen wir unsere Wanderung nach **Semione** fort: pittoreske Häuser, idyllische Gärten, enge Gassen. Wer Lust hat, sollte unbedingt die sehenswerte **Kirche Santa Maria Assunta** besichtigen (Chorausmalungen von **Giovanni Battista** und **Domenico Tarilli**).

In Semione orientieren wir uns am Wegweiser Richtung **Loderio.** Über blumenübersäte Weiden wandern wir Biasca zu. Nach dem Bauernhof «Azienda Il Mugnaio» senkt sich der Weg hinunter ans Ufer des **Brenno.** Loderio liegt rechts von uns und wir lassen die Häuser hinter uns, um

Standort Wanderwegweiser

Zum nächsten Zwischenziel

1. Sentiero basso – Dongio
2. Sentiero basso via San Remigio
3. Sentiero basso via Semione
4. Loderio
5. Biasca/Stazione

25

11

Kunstgeschichtlicher Streifzug im vorderen Valle di Blenio

Semione–Navone–Ludiano–Castello Serravalle–Semione 5 km, 2½ Std.

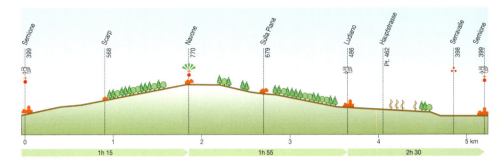

Die **Kirche der Beata Vergine Assunta** in **Semione** ist eine kunsthistorische Schatzkiste. Einzelne Mauerteile gehen auf das **11. Jahrhundert** zurück, neu erbaut wurde die Kirche von **1731 bis 1736**. In der Totenkapelle finden sich beachtliche **Fresken** von **Seregnesi**, die auf das **15. Jahrhundert** zurückgehen. Gemeinsam mit dem **Kapellenkranz**, den **Friedhofssäulen** und dem **Beinhaus** bildet die Kirche ein harmonisches Gesamtbild, das einen Besuch lohnt.

Wir steigen bei der Kirche die kleine Gasse hoch und halten uns links bei der ersten leichten Gabelung. Nach dem nächsten Haus biegen wir scharf rechts ab, um sogleich auf eine kleine Fahrstrasse zu gelangen. Von hier an ist unser Wanderweg gut markiert und steigt sachte durch einen schönen Wald an. Wir erreichen eine Hüttengruppe, wo wir uns beim Brunnen rechts halten.

Der kleine Pfad mündet bald in einen alten, in Stufen angelegten Alpweg, auf welchem wir zum Maiensäss **Navone** hochsteigen. Früher war Navone ganzjährig bewohnt, heute lockt der idyllische Weiler mit seiner fantastischen Aussicht ins Bleniotal und dem steingedeckten **Barockoratorium Santa Maria Bambina**.

Mit dem Bau des achteckigen Oratoriums wurde 1667 begonnen. Im Innern findet sich ein **atemberaubendes Kuppelgemälde** von **Gian Battista Poliatto**. Um das Innere des Oratoriums besichtigen zu können, muss in Semione bei Frau Alba Solari der Schlüssel abgeholt werden (Tel. 091 870 12 61, Stand 2009).

Nach dieser kleinen kunsthistorischen Rast durchstreifen wir den idyllischen Weiler und achten uns beim Haus mit der auffallenden Fensterverzierung auf einen etwas undeutlichen Wiesenpfad, dem wir folgen. Durch den Wald und über Lichtungen gelangen wir zur verlassenen Siedlung **Sulla Piana**. An einigen Hauswänden finden sich **Freskenreste** aus dem **15. und 16. Jahrhundert**. Auf einem gut ausgebauten Weg nehmen wir den Abstieg durch den Wald nach **Ludiano** in Angriff. Wir treffen auf kleine Steinhäuser, **Grotti**, die früher als **Weinkel-**

Schwierigkeitsgrad
Mittelschwere Wanderung.

Richtzeit
Wanderzeit 2½ Std.

An- und Rückreise
Semione ist ab Biasca mit dem Postauto erreichbar, bitte Fahrplan beachten.

Weitere Informationen
www.vallediblenio.ch
www.blenio.ch

Gaumenfreuden
Grotto al Canvett, Semione

ler dienten. Solche Grotti hatten im Valle di Blenio grosse Verbreitung (etwa in Malvaglia, Semione, Biasca etc.) und sind Zeugnis des Weinanbaus im Bleniotal.

Der **romanische Kirchturm** von Ludiano weist uns den Weg. Die **Pfarrkirche San Secondo** wurde bereits 1293 erwähnt und von 1779 bis 1782 restauriert. In den darauffolgenden Jahrzehnten nahm die Besucherzahl im Gotteshaus auch in Ludiano ab. Während im 18. und 19. Jahrhundert die Einwohner des hinteren Bleniotals vielfach als **Cioccolatieri** in die Welt hinauszogen, suchten die Ludianesi als **Marronibrater** in Florenz, Frankreich und England einen Zusatzverdienst. Viele blieben in der Ferne und reisten nur noch in Gedanken zurück in die Heimat.

In Ludiano wandern wir auf dem **«Sentiero basso della Valle di Blenio»** weiter Richtung

Achteckiges Oratorium Santa Maria Bambina auf dem Maiensäss Navone

Semione. Durch Rebhänge, Kastanienwald und vorbei an Felsen und Trockenmauern gelangen wir zur **mittelalterlichen Burgruine Serravalle** (zweite Hälfte des 12. Jahrhunderts). Auf dem Felsriegel zwischen Semione und Ludiano lag die Burg an äusserst günstiger Stelle, um das Tal zu kontrollieren. Die mächtigen Ruinen liegen seit **1402** an ebendieser Stelle, als sich das Landvolk gegen die Herrschaft auflehnte und dabei die Burg zerstörte. Besonders sehenswert ist die an exponierter Stelle erbaute **Kapelle Santa Maria del Castello.**

Unseren Streifzug durch die Kunstgeschichte beenden wir auf dem kurzen Wegstück zurück nach **Semione,** wo uns das pittoreske Dorfbild willkommen heisst.

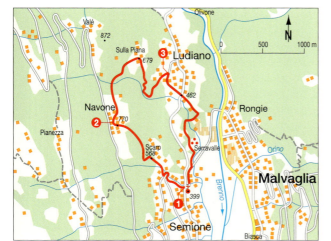

Standort Wanderwegweiser

Zum nächsten Zwischenziel

① Navone
② Ludiano
③ Sentiero basso – Semione

27

12

Entlang der Westflanke des Valle Lodrino

Iragna – Citto – Sacco – Pai – Grotti – Lodrino 5,25 km, 2½ Std.

Auf der Westseite der Riviera öffnet sich das **Valle Lodrino**. Mit dem Postauto fahren wir fast bis ans Ende des Tals und steigen in **Iragna** aus. Die Kirche stammt aus dem 13., die Granitskulptur auf dem Dorfplatz sowie das Gemeindehaus aus dem 20. Jahrhundert – ein Ort des zeitlichen Brückenschlags!

Bei der **Piazza von Iragna** starten wir unsere Wanderung und folgen dem Wegweiser Richtung **Citto**. Talauswärts führt der Saumpfad hinauf durch den Kastanienwald. Stetig gewinnen wir an Höhe, teils im Zickzack teils über Treppenstufen. Bei der Wegkapelle liegt uns Iragna zu Füssen und wir geniessen den Ausblick. Nach einer guten halben Stunde lichtet sich der Wald und wir stehen auf den Weiden des Maiensäss **Citto**. Die gut erhaltenen Steinhäuser stehen rund 500 m über dem Valle Riviera. Unser Blick schweift über **Biasca**, hinein ins **Val Blenio**

und wir erspähen die **Adulagruppe** mit dem **Rheinwaldhorn**.

Nach der kurzen Rast lassen wir diese kleine Höhenterrasse hinter uns. Die Wegmarkierung weist uns die Richtung nach **Lodrino**. Der Weg führt hinab durch den Wald auf das Weidegebiet **Vidögn**. Anschliessend mündet unser Weg in eine Fahrstrasse, der wir bis nach Sacco folgen. Hier ist es an der Zeit, die Leckereien aus dem Rucksack zu holen. In herrlicher Kulisse rasten wir. Wir blicken zu den Felszacken des **Torrone Alto-Massivs** und hinein ins **Val d'Osogna**, das auf der gegenüberliegenden Talseite beginnt.

Wieder mit dem Rucksack auf dem Rücken schlagen wir den südwärts verlaufenden Weg ein und lassen die Fahrstrasse hinter uns. Im Wald senkt sich der Weg ziemlich steil hinab, der schöne Wald spendet uns dabei glücklicherweise Schatten. Wir überqueren die Strasse, erblicken die Rustici des Weilers **Pai** und stehen alsbald vor dem **historischen Kirchlein San Martino**. Seine zugemauerten Mauueröffnungen am Kirchturm deuten auf **romanischen Ursprung** (1215) hin. Im Innern finden sich Malereien, die Tarilli zugeschrie-

Schwierigkeitsgrad
Leichte Wanderung.

Richtzeit
Wanderzeit 2½ Std.

An- und Rückreise
Mit der Bahn bis Bellinzona, da aufs Postauto nach Iragna im Valle Lodrino umsteigen. Von Lodrino fährt das Postauto wieder zurück nach Bellinzona.

Weitere Informationen
www.lodrino.ch
www.biascaturismo.ch

Gaumenfreuden
Ristoranti in Iragna
Grotto di Lodrino

Kirche von San Martino mit Blick in die Riviera

ben werden. Die kleine Kirche wurde auf einem Felsvorsprung gebaut, so dass wir nochmals eine herrliche Aussicht auf Lodrino, das Tal und die Riviera geniessen können.

Genüsslich wandern wir weiter durch den **Edelkastanienwald** – im Frühjahr ein Blütenmeer über unseren Köpfen und im Herbst purzeln die Kastanien von den Bäumen! Steil geht es hinunter zu einem **Rebberg.** Hier wendet sich unser Weg talauswärts und passiert den oberen Rand eines Granitbruchs. Für den Bau der Gotthardbahn entstanden im Valle Lodrino zahlreiche **Granitbrüche,** von denen einige noch heute in Betrieb sind.

Wir überqueren den Bach und nehmen das letzte steile Wegstück in Angriff. Die Knie wackeln schon ein wenig, als wir die **Grotti von Lodrino** erreichen. Unter riesigen Felsblöcken sind sie verborgen. Schliesslich spazieren wir auf der Fahrstrasse linker Hand am Friedhof vorbei ins alte Zentrum von **Lodrino,** wo das Dorf mit der sehr sehenswerten barocken **Kirche San Ambrogio** aufwartet. Blicken wir von Lodrino hoch, sehen wir das kleine Gotteshaus San Martino, das schützend übers Tal schaut.

Standort Wanderwegweiser

Zum nächsten Zwischenziel

 Citto
 Lodrino

13

Höhenwanderung in der Riviera – von Claro nach Cresciano

Claro – Scubiago – Cavri – Cresciano 7 km, 3½ Std.

Oberhalb von Claro auf einem **Felsvorsprung** und mit einer vortrefflichen Aussicht über die Riviera liegt das **Kloster Monastero di Santa Maria Assunta**. **1490** wurde das **Benediktinerinnenkloster** gegründet und die Klosterkirche mit wunderbaren Fresken ausgestattet. Das Kloster wurde bald zu einer Abtei erhoben und widmete sich der Erziehung junger Mädchen: Die älteste bekannte Zöglingsliste geht auf die Jahre **1560/61** zurück. Das Kloster ist nur zu Fuss, dafür aber durch einen wunderschönen Kastanienwald erreichbar. Wer diesen anfänglichen Abstecher wagt, wird ihn garantiert nicht bereuen!
Wir blicken von der Postautohaltestelle hinauf zum Kloster und wandern geradeaus nach **Claro** hinein. Bei der **fünften Kreuzung** biegen wir in die linke Strasse, um sogleich rechts in die kleinere Fahrstrasse abzubiegen. Wir durchqueren die einzelnen Dorfteile und blicken auf den **Ticino** hinunter, der gemütlich in der Ebene der **Riviera** gegen Süden fliesst. Vor der Kirche **San Nazzaro e Celso**, erstmals im **13. Jahrhundert** erwähnt, biegen wir in den nach rechts führenden Wanderweg und wandern hinter der Kirche mit dem kleinen Weinberg vorbei. Im Wald steigt der Weg an und wir sind froh über die Kühle. Kastanienbäume dominieren das Landschaftsbild. Wir überqueren den **Riale di Censo** und steigen weiter gegen **Moncrino** an. Endlich haben wir die Häusergruppe erreicht, lassen uns auf der Lichtung nieder und legen uns in die wohlriechende Wiese. Nur hie und da durchzieht ein kleines weisses Wölkchen den blauen Himmel und wir lassen uns von der wohligen Atmosphäre betören.
Nachdem wir noch ein wenig unseren Rucksack geplündert haben, setzen wir unsere Wanderung fort. Wald und Wiesen wechseln sich ab und wir streifen eine Materialseilbahn, wo wir den höchsten Punkt unserer Wanderung erreicht haben. Vorbei an **Ramigoi** taucht der Wanderweg in den Wald hinein und wir wandern auf das **Gebiet Sul Sasso** zu. Wahrlich ist es so, dass wir uns auf einem Felsen befinden! Von den Bäu-

Schwierigkeitsgrad
Mittelschwere Wanderung.

Richtzeit
Wanderzeit 3½ Std.

An- und Rückreise
Claro ist gut mit dem Postauto ab Bellinzona erreichbar. Das Postauto bringt uns von Cresciano zurück nach Bellinzona.

Weitere Informationen
www.bellinzonaturismo.ch
www.ticino.ch

Gaumenfreuden
Einkehrmöglichkeiten in Carlo und Cresciano.

men gut versteckt, brechen im Hang immer wieder **Felsbänder** auf – ein konzentrierter Blick auf unsere zusätzliche Wanderkarte verrät uns die versteckten Dinge in der Natur. Wir wandern quasi um den Felsen herum und erreichen **Cavri.** Hier macht der Weg eine Spitzkehre und neigt sich dem Tal zu. Wir verlassen die Lichtung von Cavri, treten erneut in den Wald ein und wählen bei der Kreuzung den rechten Weg, der eine ausladende Kurve macht. Von rechts mündet ein weiterer Wanderpfad in unseren ein. Nun geht es im Zickzack und ein wenig steiler **Richtung Cresciano** zu.

Unvermittelt stehen wir am Waldrand. Vor uns breiten sich **Weinreben mit reifen Trauben** aus und wir blicken erneut über den Ticino und den Talboden. Wir gelangen auf eine Fahrstrasse, der wir hinunter ins Dorfzentrum folgen. Crescianos **Pfarrkirche San Vincenzo** wurde erstmals im **13. Jahrhundert** erwähnt und ist einen kurzen Besuch wert, während wir aufs Postauto zurück nach **Bellinzona** warten.

Aufstieg nach Moncrino

Standort Wanderwegweiser

Zum nächsten Zwischenziel

❶ Monastero di Sta Maria
❷ San Nazzaro
❸ Moncino-Bens
❹ Cavri
❺ Cresciano

14

Auf der Via del Ferro im Valle Morobbia

Carena – Maglio di Carena – Corte del Forno – Miniere – Carbonaia della Valletta – Alpe di Giumello – Giggio – (Val di Fossada) – Alla Serra – Carena 13,5 km, 5½ Std.

Das steile und landschaftlich abwechslungsreiche **Valle Morobbia** verbindet das Sopraceneri mit Italien. Die **Schmuggler** aus vergangenen Tagen nutzten rege die grüne Grenze beim **Passo San Jorio (2012 m ü. M.)**. Das Postauto hält an der **letzten Haltestelle** im Valle Morobbia, in Carena, wo uns der Campanile der **Kirche San Bernardino** willkommen heisst. Vom schönen Bergdorf wandern wir auf der **Via del Ferro** gegen Westen. **2009** wurde dieser Themen- und Lehrpfad, der gleichzeitig Museum, historische Route und Erlebnis ist, mit dem **3. Preis des Prix Rando** der Schweizer Wanderwege ausgezeichnet. Und die Via del Ferro bietet noch mehr, denn sie ist eine **mehrtägige** und **grenzüberschreitende Route,** welche die Schweiz und Italien thematisch verbindet. Im Valle Morobbia sowie im italienischen Valle Cavargna wurde in frühster Zeit **Eisenerz** gefördert und der **Metallverarbeitung** nachgegangen. Eine Tradition, die allen Tälern südlich der **Insubrischen Linie** gemeinsam ist.

So machen wir uns also auf, die historischen Spuren der Eisenverarbeitung im Valle Morobbia zu ergründen. Wir streifen einen Wasserfall und gelangen zum einstigen **«Maglio di Carena»** (Hochofen Carenas). In der zweiten Hälfte des **15. Jahrhunderts** gründete die wohlhabende **Familie Muggiasca,** ursprünglich aus Como, ein **Eisenbergwerk** in der Nähe von Carena. Ende des **18. Jahrhunderts** liess der **Bellinzoneser Arzt Giovanni Bruni** die **Hammerschmiede,** den **Hochofen** und andere Gebäude errichten. Für eine kurze Zeit erhielt das Valle Morobbia den Charakter eines lebhaften Industriezentrums.

So stehen wir nun vor den **Ruinen des Hochofens** und lesen weitere interessante Informationen aus der Geschichte auf den **Schautafeln.** Der Weg steigt sachte an und immer wieder treffen wir auf Zeugnisse, die über die Eisenerzförderung berichten. Es geht vorbei am **Corte del Forno** und alsbald können wir uns rechts (beim Wegweiser 3) halten und einen Abstecher zu der ehemaligen Eisenerzmine machen (zusätzlich 45 Minuten).

Schwierigkeitsgrad
Mittelschwere Wanderung.

Richtzeit
Wanderzeit 5½ Std.

An- und Rückreise
Carena ist mit dem Postauto ab Bellinzona erreichbar (bitte Fahrplan beachten).

Weitere Informationen
www.bellinzonaturismo.ch
www.gpvm.ch

Gaumenfreuden
Caffè-Ristorante della Posta, Carena

32

Wir wandern auf gleichem Weg zurück zur Abzweigung und gehen rechts. Der Aufstieg fordert uns einiges ab, gilt es doch über **500 Höhenmeter** bis zur **Alpe di Giumello** zu überwinden. Hier rasten wir und schöpfen neue Kraft. Würden wir uns bei der Alpe rechts weiter auf der Via di Ferro halten, würden wir kurzum die Grenze überschreiten und entweder in **Dongo,** wo sich einst **Mussolini** versteckte, oder in **Porlezza** am Nordende des Luganersees landen.

Wir entscheiden uns für den Weg **Richtung Passo San Jorio**, streifen rechter Hand einen kleinen Bergsee und wandern leicht aufwärts, wählen den linken Weg und folgen diesem in einer langen Kehre nach **Giggio**. Hier haben wir den **höchsten Punkt** unserer Wanderung erreicht. Blicken wir gegen Westen, erspähen wir den Passübergang nach Italien, wenden wir uns gegen Osten, überschauen wir das Valle Morobbia mit seinen bewaldeten Hängen. Wir folgen dem Wegweiser Richtung Carena und tauchen weiter in den Wald hinein.

Die Ruinen des alten Hochofens

Der Pfad führt uns durch das **Val di Fossada** zurück nach **Carena**. In leichtem Auf und Ab wandern wir durch den schönen Kastanienwald, streifen **Alla Serra**, springen immer mal wieder über Bäche und halten uns bei **Dosso di Prada** weiter geradeaus. Sanft dreht der Weg ins kleine **Valle di Ruscada**, um uns sogleich gegen **Carena** hinunter zu führen. Ohne grosse Anstrengung erreichen wir das Dorf, dessen Steindächer uns entgegenblitzen. Bei der Post warten wir bei einem Cappuccino auf das Postauto, das uns zurück nach **Bellinzona** bringt.

Standort Wanderwegweiser

Zum nächsten Zwischenziel

1. Monti di Ruscada
2. Cassina Nova
3. Alpe di Giumello
4. Giggione
5. Giggio
6. Carena

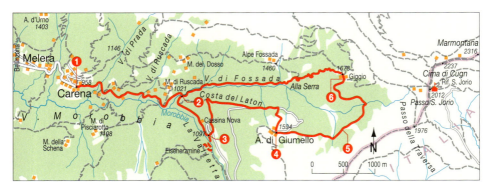

15

Auf der Sonnenterrasse hoch über Monte Carasso

Monte Mornera – Mornera Laghetto – Monda – Baltico – Belcorte – Pientina – Monte Mornera 6 km, 2¼ Std.

Südlich von Bellinzona liegt das kleine Dörfchen **Monte Carasso.** Ab 1970 gestaltete der Stararchitekt **Luigi Snozzi** das Ortsbild um, doch leider verblasst der einstige Glanz zusehends. Die **Seilbahnstation Monte Carasso–Mornera** erreichen wir von der Postautohaltestelle bequem zu Fuss. In den kleinen Kabinen schweben wir über einem Meer von Kastaniengipfeln hoch auf die Sonnenterrasse **Monte Mornera** (1347 m ü. M.). Neben der Bergstation an vorzüglicher Lage befindet sich eine **kleine sehenswerte Kapelle.**
Rechts von der Bergstation starten wir unsere Rundwanderung über den Monte Mornera Richtung **Alpe Monda.** Der Weg steigt an und führt uns durch ein Steinschlaggebiet. Wir streifen eine atypische Häuseransammlung, wo wir dem Holzpfeil «See» unsere Aufmerksamkeit schenken. Noch gilt es einige Höhenmeter zu überwinden, bis wir den kleinen idyllischen See, **Mornera Laghetto,** erreicht haben. Die Farbe des Wassers erinnert uns an einen Moorsee, mächtige Tannen säumen den See und das grasbewachsene Ufer lädt zur Rast. Obwohl wir erst kurze Zeit gewandert sind, wäre es schade, dieses Plätzchen zu ignorieren! Noch voller Energie setzen wir unsere Wanderung durch den lichten Wald fort, Schmetterlinge und Eidechsen sonnen sich. Bald verengt sich der Wanderweg zu einem Wurzelpfad und führt uns den Wald hinab auf die **Alpe Monda,** wo die hellen Ziegenglöckchen erklingen.

Unsere Route ist gut markiert und nach Monda halten wir uns **links Richtung Baltico** und oberhalb des Alpgebäudes weiter nach links. Der Himmel strahlt blau und die schönen Alpweiden sind mit mächtigen Lärchen durchsetzt. In einer weiten Kehre und auf breitem Alpweg geht es durch Wald und Wiese Richtung **Baltico,** wo wir dem Wegweiser nach **Pientina** folgen. Immer wieder öffnen sich uns weite Blicke gegen Süden auf das **Bellinzonese** und das **Sottoceneri.**

Schwierigkeitsgrad
Leichte Wanderung.

Richtzeit
Wanderzeit 2¼ Std.

An- und Rückreise
Mit der Bahn bis Bellinzona, da umsteigen aufs Postauto (Nr. 32) Richtung Locarno bis Monte Carasso/ Orenno oder Posta. Nach einem kurzen Fussweg erreicht man problemlos die Talstation der Seilbahn Monte Carasso–Monte Mornera. Die Seilbahn ist ganzjährig in Betrieb, bitte unter www.mornera.ch Fahrplan abfragen.

Weitere Informationen
www.mornera.ch

Gaumenfreuden
Grotto Mornera,
www.mornera.ch
Ostello Curzútt, www.curzutt.ch

Picknick-Pause in schönster Lage

In leichtem Auf und Ab wandern wir entlang der Höhenkurve durch die liebliche Landschaft und streifen die kleine Häusersiedlung **Belcorte**. Birken geleiten uns nach **Pientina,** der oberen Zwischenstation der Seilbahn. Hier könnte man bereits die Seilbahn ins Tal nehmen, doch wir steigen hoch nach **Mornera.**

Noch zu gut ist uns die Sonnenterrasse des Grotto Mornera in Erinnerung, als dass wir jetzt die Wanderung bereits beenden möchten!
In herrlicher Kulisse kurvt der Weg der Seilbahn entlang. Birken- und Tannenwald, lichte Stellen, die mit Farn und Ginster bewachsen sind, wechseln sich ab.

Gekrönt wird die Umgebung erneut mit einem herrlichen Blick Richtung Süden, wo wir den **Monte Tamaro** und den **Monte Ceneri** in ganzer Pracht bewundern können. Bei den ersten Ferienhäusern halten wir uns links, gehen an der ausgedienten Telefonkabine vorbei und bezwingen im Zickzack die letzten Höhenmeter zum **Grotto Mornera** und der Bergstation. Auf der Sonnenterrasse erfrischen wir uns, bevor wir per Seilbahntelefon die Kabine für die Talfahrt nach **Monte Carasso** bestellen.

Variante:
Zwischen Belcorte und Pientina zweigt der Weg ins Tal Richtung **Monte Carasso** ab. Durch den Wald geht es an Ruscada vorbei und bald erreichen wir die **romanische Kapelle San Bernardo** mit ihren beeindruckenden Freskenfassaden (u.a. eine Darstellung des **letzten Abendmahls).** Ab San Bernardo könnte man nach **Corte di Sotto (Curzútt)** wandern und dort einkehren oder aber direkt nach Monte Carasso hinabsteigen.

Standort Wanderwegweiser

Zum nächsten Zwischenziel

❶ Monda
❷ Baltico
❸ Pientina
❹ Monte Carasso
❺ Mornera
❻ Monte Mornera

35

16

Entlang des Zuhauses des Merlot – von Sementina nach Progero

Sementina – Fontanella – San Defendente – Gudo – Progero 6 km, 2½ Std.

An der Postautohaltestelle in Sementina steigen wir aus und folgen der Via Locarno in Fahrtrichtung des Postautos und biegen links in die **Via alla Serta** Richtung **Via delle vigne** ein. Richtung Norden liegt das düstere und schroffe Valle Sementina. Wir aber bevorzugen die sonnigere Wanderung. Sachte steigt die Strasse an und führt uns durch ein Wohngebiet. Entlang des Waldes wandern wir weiter und unter uns erspähen wir die ersten **Weinreben**. Sowohl Sementina wie auch Gudo gehören zu der Tessiner Weinroute, ein Gläschen nach getaner Wanderung werden wir uns auf jeden Fall gönnen!
Bald verzweigt sich die Strasse, wir halten uns rechts und in der nächsten Verzweigung folgen wir dem nach rechts abzweigenden Pfad **Richtung San Defendente,** der uns durch ein Waldstück und über eine Lichtung bringt. Wir treffen wieder auf die Strasse, die wir aber ignorieren, und schlagen den Wanderweg geradeaus nach **Fontanella** ein. Von hier geht es in leichtem Zickzack und Richtung **Monti di Sementina** durch den Wald hinauf zum kleinen Kirchlein **San Defendente.** Kurz bevor wir zur Kirche kommen, merken wir uns den Wegweiser, der nach **Redona** weist.
Ein perfekter Ort, um eine Rast einzulegen. Die **spätmittelalterliche Kirche** geht auf das 15. Jahrhundert zurück und wurde im 17. Jahrhundert umgebaut. Die Innenwand auf der Südseite ist mit **Fresken** aus dem 16. Jahrhundert, welche die **Madonna mit Heiligen** darstellt, geschmückt. Die **volkstümlichen Votivbilder** im Innenraum stammen aus dem 15. und 16. Jahrhundert. Wahrlich für einen idyllischen Standort haben sich die Erbauer der Kirche entschieden. Umrahmt von herrlichem Wald und in blühender Wiese könnten wir noch lange rasten und hoch zu den Wolken schauen.
Hinter den Rustici treffen wir auf den Wanderweg, der vorher mit

Schwierigkeitsgrad
Leichte Wanderung.

Richtzeit
Wanderzeit 2½ Std.

An- und Rückreise
Sementina ist ab Bellinzona Bahnhofplatz oder ab Locarno Bahnhof mit dem Postauto (Linie Bellinzona – Cugnasco – Locarno) erreichbar. Von Progero kehrt man ebenfalls mit dem Postauto nach Bellinzona oder Locarno zurück.

Weitere Informationen
http://bellinzonaealto.ticino.ch/
www.sementina.ch
www.gudo.ch

Gaumenfreuden
Ristorante Anita, Gudo-Progero (typische Tessiner Gerichte)
Osteria & Locanda Brack, Gudo (www.osteriabrack.ch)
Fattoria l'Amorosa Agriturismo, Gudo (www.amorosa.ch)

Herrliches Fleckchen Erde – San Defendente

Redona ausgeschildert war. Im kühlenden Wald wandern wir abwärts, manchmal über Holzstufen, manchmal auf einem weichen Waldweg. Bei Redona halten wir uns rechts, **Richtung Via delle vigne.** Längst hätten wir die Weinreben, den Ticino und die Magadinoebene erblickt, wenn wir nicht inmitten des Laubwaldes stehen würden. Wir wandern hinunter nach **Gudo** und streifen dabei wunderschöne Gärten und die Weinreben. Nun erblicken wir links auch das kleine **Oratorium Santi Nazario e Celso,** das auf einem Felsvorsprung beinahe etwas keck über die Magadinoebene blickt. Es stammt aus dem **17. Jahrhundert** und besitzt **Fresken,** welche die **Anbetung der Könige** und die **Flucht nach Ägypten** darstellen.

In **Gudo** treffen wir auf eine Fahrstrasse, der wir nach links bis in die erste spitze Kehre folgen. Von der Kurve zweigt ein Wanderweg nach **Gudo–Progero** ab, den wir einschlagen. Leichten Fusses wandern wir durch die schöne Gegend, die Weinreben dehnen sich bis nach **Tenero** aus, und halten uns bei der Hauptstrasse rechts zur Postautostation, von wo wir nach Locarno oder Bellinzona zurückkehren können. Bevor wir aber ins Postauto steigen, suchen wir uns ein lauschiges Plätzchen, um bei einem Tessiner Merlot die Wanderung zu beschliessen.

Standort Wanderwegweiser

Zum nächsten Zwischenziel

1. Via delle vigne
2. S. Defendente
3. M.ti di Sementina
4. Redonda
5. Via delle vigne (rechts)
6. Gudo
7. Gudo Progero

Hinein ins Valle Verzasca

Tenero – Gordola – Gordemo – Diga della Verzasca – Mergoscia 7,25 km, 3 Std.

In der Mündung des Ticino und der Verzasca am nördlichen Ende des Lago Maggiore liegt **Tenero**, das Tor zum **29 Kilometer** langen **Verzascatal**. Wo vor langer Zeit noch Sumpfgebiet vorherrschte, hat sich ein Städtchen gebildet. Dieses ist längst mit dem am Hang gelegenen **Gordola** verschmolzen. **Gordola** war im Mittelalter **Winterquartier** der Talbewohner samt Vieh, die vor den **harten Wintern** im engen Valle Verzasca in die klimatisch mildere **Magadinoebene** zogen.

Wir verweilen nun nicht länger in Tenero, sondern schlagen den Weg Richtung **Gordemo** ein. Auf der Strasse durchstreifen wir das Dorf, halten uns bei der Hauptstrasse rechts, um alsbald links in den Wanderweg abzubiegen, der uns hinauf nach Gordemo führt.
Weinreben, **Steinmauern**, sonnende Eidechsen und ein herrlicher Blick auf den **Lago Maggiore** versüssen uns den abrupten Aufstieg. Mal geht es über einen schmalen Pfad, mal über Treppen.
An der Strasse halten wir Richtung **Diga della Verzasca** zu und bald stehen wir in **Gordemo** vor einem schönen alten Brunnen, dessen kühlendes Wasser uns sehr gelegen kommt. Oberhalb des Brunnens folgen wir dem **Sentierone Valle Verzasca**, dem «grossen» Wanderweg durchs Verzascatal und Tipp für all jene, die die Schönheiten des Valle Verzasca auf mehreren Etappen erleben möchten. Zwischen den Weinreben hindurch erreichen wir bei einem Bildstock den Wald. Bei **Selvatica** stossen wir auf die mächtige, 220 Meter hohe **Staumauer**. Wir blicken über den **Lago di Vogorno**, der sich auf einer Länge von 6 km staut, und hinunter in die Verzascaschlucht. Linker Hand erblicken wir **Mergoscia**, dessen Steindächer in der Ferne aufblitzen.

Wir überqueren die Staumauer Richtung **Mergoscia**. Bereits **James Bond** warf sich im Film «GoldenEye» todesmutig in die Tiefe und auch heute lassen sich

Schwierigkeitsgrad
Mittelschwere Wanderung.

Richtzeit
Wanderzeit 3 Std.

An- und Rückreise
Tenero ist gut mit Bahn oder Bus ab Locarno erreichbar. Von Mergoscia fährt ein Bus über Contra zurück nach Locarno. Übernachtungsmöglichkeiten in Mergoscia, frühzeitige Reservation empfohlen.

Weitere Informationen
www.verzasca.com
www.tenero-tourism.ch
www.mergoscia.ch

Gaumenfreuden
Ristoranti in Tenero und Gordola
Osteria della Posta, Mergoscia

Abenteuerlustige das **Gummiseil** anlegen – ein beeindruckendes Schauspiel!
Nach der Staumauer hat uns der Wald wieder und wir wandern in einer langen Kehre taleinwärts. Wir gelangen auf die **Fahrstrasse Contra–Mergoscia** und folgen ihr. Die Autos nehmen den Tunnel und wir halten uns weiter auf der alten Fahrtrasse. Enge Kurven, steile Abhänge, die schmale Fahrbahn und wunderbare Blicke in enge Taleinschnitte hinein lassen uns staunen! Erst **1900** bekam Mergoscia diesen Strassenanschluss, den zu befahren ein wahres Abenteuer darstellte.

An Palmen vorbei ins Valle Verzasca

Nach **Fressino** treffen wir auf die Ausfahrt des Autotunnels und wir wandern noch ein wenig weiter der Strasse entlang. Nach ca. 5 Minuten zweigt ein Wanderweg links von der Strasse **Richtung Busada–Mergoscia** ab. Wir blicken rasch links und erahnen, welche Schönheiten sich im **Valle Mergoscia** hinter den Kastanienhainen und auf den Alpen verborgen halten. Früher zogen die Familien auf die Alpen im Verzascatal zum **Wildheuen**, zur «**medée**». Frauen und Männer, ausgerüstet mit **Sichel und Sense**, schnitten an **steilen Hängen** Gras und balancierten barfuss auf steilen **Felsbändern**. Jeder Büschel Gras war wertvoll und musste auf den Hof geschafft werden. Das Risiko, in die Tiefe zu fallen oder von Schlangen gebissen zu werden, mussten die Menschen dabei ausblenden.

Bedächtig steigen wir durch die Weinreben hoch. Bald begrüssen uns die authentischen Steinhäuser von **Mergoscia** und ein herrlicher Blick über den **Lago di Vogorno**, auf den **Pizzo Vogorno**, die bewaldeten Hänge des Tals und den **Lago Maggiore**. Hier lohnt es sich, einerseits ein Gläschen des heimischen Weins zu kosten und andererseits sein Nachtlager aufzuschlagen, denn noch ist das **Valle Verzasca** nicht durchschritten. Und am nächsten Tag wartet ein neuer Abschnitt des **Sentierone Valle Verzasca** auf uns ...

Standort Wanderwegweiser

Zum nächsten Zwischenziel

❶ Gordemo
❷ Diga della Verzasca
❸ Mergoscia

18

Weiter auf dem alten Maultierpfad ins Valle Verzasca hinein

Mergoscia–Perbioi–Corippo–Oviga di fuori–Ponte dei Salti–Lavertezzo
7,5 km, 3 Std.

Die Glocke des Kirchturms hat längst den Tag eingeläutet und wir machen uns auf, einen weiteren Teil des **Sentierone Valle Verzasca** zu entdecken. Von **Mergoscia** aus ist **Corippo** nur **zu Fuss** auf einem alten Maultierpfad zu erreichen. Wir starten unsere Wanderung am Dorfplatz Richtung **Monti di Cortoi**. Der Weg schlängelt sich über Treppen und zwischen dem alten Dorfteil Mergoscias hinauf und quert anschliessend einen **aussichtsreichen Hang,** wo wir nochmals ins vordere Verzascatal und auf den Lago di Vogorno blicken.
Der Weg teilt sich beim obersten Steinhaus am Waldrand und wir folgen der **Bodenmarkierung nach Corippo.** Der lichte Kastanienwald ist unser Weggefährte und bald erreichen wir den kleinen Weiler **Perbioi,** wo ein idyllisches **Hochmoor** liegt. Wir unternehmen einen kleinen Abstecher nach rechts zu einem fabelhaften Aussichtspunkt – eine Rast muss einfach sein! Noch einmal blicken wir auf **die Seen** und die **herrliche Bergwelt** des vorderen Verzascatals.
Wieder zurück auf unserem Weg wandern wir über den weichen Moorboden und an Birken vorbei hinein in den Wald und halten uns weiter Corippo zu. Der gut begehbare Weg schlängelt sich durch ein Bergsturzgebiet und fällt sachte ab. Bald gelangen wir auf einen weiteren Weg, halten uns links und schlendern genüsslich, mal im Zickzack, mal geradeaus, durch den kühlen Wald. Etwas schattig ist es und wir sind gut daran, etwas Warmes im Rucksack mitzutragen.

Kurz vor Corippo treffen wir auf **Treppenwege,** die uns hinunter zu einer **Steinbrücke** geleiten. Hier steht eine **alte Mühle,** deren Rad langsam im Takt des fliessenden Wassers dreht. Früher war Corippo das **Zentrum der Hanfverarbeitung** im Valle Verzasca.
Wir überqueren die Brücke und steigen gegen Corippo zu. Die Häuser drängen sich dicht an dicht an diesem Sonnenhang

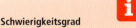

Schwierigkeitsgrad
Mittelschwere Wanderung.

Richtzeit
Wanderzeit 3 Std.

An- und Rückreise
Mergoscia ist gut mit dem Postauto ab Locarno über Contra erreichbar. Von Lavertezzo fährt das Postauto über Tenero nach Locarno zurück – bitte Fahrplan beachten.

Weitere Informationen
www.verzasca.com
www.tenero-tourism.ch
www.mergoscia.ch

Gaumenfreuden
Osteria della Posta, Mergoscia
Osteria Corippo
Osteria Posse, Lavertezzo
Albergo della Posta, Lavertezzo
Grotto al Ponte, Lavertezzo

Umwerfendes Farbenspiel bei der Ponte dei Salti

wir die Brücke und gehen auf dem Fussweg neben der Strasse nach **Lavertezzo**. Den zweiten Teil haben wir geschafft und freuen uns auf den letzten Abschnitt auf dem Sentierone Valle Verzasca.

Standort Wanderwegweiser

Zum nächsten Zwischenziel
- ❶ Monti di Cortoi
- ❷ Lavertezzo
- ❸ Lavertezzo

und die Steindächer glitzern in der Sonne. Von Weitem meint man, ein Schwalbennest hänge am Berg und der Kirchturm wache über die Jungen. Corippo gehört zu den **schützenswerten Dorfbildern** und steht unter **Heimatschutz**. Manche Stimmen sagen, dass Corippo das schönste Dorf im Verzascatal sei! Beeindruckt schlendern wir durch die engen Gassen, die Häuser berühren sich beinahe. Wir durchqueren nun das Dorf und setzen unseren Weg auf dem leicht abwärts führenden Strässchen fort. In der Haarnadelkurve gelangen wir wieder auf den **Sentierone**. Auf dem Naturpfad wandern wir in leichtem Auf und Ab Richtung **Lavertezzo**. Immer wieder legen wir kurze Pausen ein, um die geschliffenen Felsen, das Wasser und das natürliche Farbenspiel zu geniessen.

Die Steinhäuser des kleinen Weilers **Oviga di Fuori** lassen wir hinter uns und wandern weiter durch den Kastanienwald. Am anderen Ufer tauchen bald die Häuser und der prägnante **Campanile** der Kirche **Santa Maria degli Angeli** von Lavertezzo auf. Der einstige Gerichtsort ist heute vor allem wegen zwei Dingen bekannt: der **Ponte dei Salti** und des **herrlichen Badeplatzes** wegen.

Da steht sie nun vor uns, die mittelalterliche steinerne Doppelbrücke! Unter ihr türmen sich die geschliffenen Felsen und die smaragdgrüne Verzasca fliesst kraftvoll durchs Flussbecken. Die Farben sind einmalig und wir können uns kaum satt sehen. Beinahe ehrfürchtig überqueren

19

Auf dem letzten Abschnitt des Sentierone Valle Verzasca

Lavertezzo–Ganne Brücke–Alnasca–Motta–Cordasc–Sonogno 13,75 km, 4¾ Std.

Noch sind kaum Touristen an der **Ponte dei Salti** anzutreffen und wir nutzen die Gunst der Stunde, um diesen herrlichen Ort in aller Ruhe zu geniessen. Der grünliche **Serizitgneis** im Flussbett verleiht der Verzasca ihre ganz eigentümliche Farbe. Bereits in **Lavertezzo** hat uns der Wegweiser die Richtung nach **Sonogno** gezeigt; das letzte Teilstück des **Sentierone Valle Verzasca** liegt heute vor uns. Wir überqueren die **Ponte dei Salti** und halten uns rechts. Sachte steigt der Weg durch den Wald an. Immer wieder eröffnen sich uns unvergleichliche Blicke auf die Verzasca und ihre Gesteinsformationen.
Die Brücke von **Motta** ignorieren wir und wandern weiter durch den Kastanienwald. Stege führen über kleine Bäche und mächtige Steinfelsen. Nach **Ganne** überqueren wir die Strassenbrücke und **passieren ein Tor** zum linken Ufer. Anstrengende Treppenwege führen durch ein Bergsturzgebiet. Die grossen Felsen sind moosbewachsenen und die Landschaft hat etwas Mystisches an sich. Wo sich die Wege teilen, wählen wir den Abstieg nach **Brione**. Langsam weitet sich das Tal. **Brione** liegt auf der anderen Seite der Verzasca und wir erhaschen einen kurzen Blick auf die Rustici. Beim **Punkt 740** geht etwas modriger Geruch von einer **Wolfsfalle** aus. Anschaulich ist beschrieben, wie die Falle funktioniert und welche Geschichten mit ihr verbunden sind.
Zwischen alten Steinmauern und an Kuhweiden vorbei ignorieren wir bei **Alnasca** die Hängebrücke. Wir wandern über ein ausgetrocknetes Bachbett, kleine Stege, vorbei am Picknickplatz und immer weiter Richtung Sonogno. Wir streifen eine **wackelige Hängebrücke** nach Gerra Verzasca und zehn Minuten später erspähen wir bereits die **nächste Hängebrücke,** die ebenfalls nach Gerra führt. Wir bleiben aber am linken Ufer und passieren bald den idyllisch gelegenen Weiler **Lorention,** wo Produkte «fatti a casa» feilgeboten werden.

Schwierigkeitsgrad
Mittelschwere Wanderung.

Richtzeit
Wanderzeit 4¾ Std.

An- und Rückreise
Lavertezzo ist gut mit dem Postauto ab Locarno über Tenero erreichbar. Von Sonogno fährt das Postauto über Tenero nach Locarno zurück – bitte Fahrplan beachten.

Weitere Informationen
www.verzasca.com
www.tenero-tourism.ch

Gaumenfreuden
Osteria Posse, Lavertezzo
Albergo della Posta, Lavertezzo
Ristorante Ai Piée, Brione
Grotto Redorta, Sonogno
Grotto Efra, Sonogno

Maiensäss Cordasc in idyllischer Lage

Trocknen an den Balkonen aufgehängt wird, liegt doch in Sonogno die **Wollzentrale** von **Pro Verzasca.** Wer mehr über die Lebensweise der Menschen im Verzascatal erfahren möchte, kann dies im **Talmuseum** im 200-jährigen **Casa Genardini** tun. Die Reise durchs Verzascatal beenden wir hier und fahren mit dem Postauto zurück nach Locarno.

Als **Mitte des 19. Jahrhunderts** die saisonale Auswanderung auf ihrem Höhepunkt war und Kinder als Kaminfeger nach Italien verkauft wurden, wartete hier keine Erfrischung auf sie. Die Familien waren gezwungen, während der Wintermonate anderen Arbeiten nachzugehen, um ihre Existenz einigermassen zu sichern. Hierzu gehörte auch, dass die Kinder den Winter über einem Padrone verkauft wurden. Im berühmten Jugendbuchklassiker von **Lisa Tetzner**, «**Die schwarzen Brüder**», wird die Geschichte von **Giorgio aus Sonogno** nachgezeichnet, der in Mailand als «**piccolo spazzacamino**» arbeiten musste. Entlang des Hangwegs geht es weiter und wir erreichen bald das **Maiensäss Cordasc,** das zu einer kleinen Rast einlädt. Beim Brunnen kühlen wir uns Kopf und Hände und wandern erfrischt weiter. Langsam senkt sich der Pfad und wir überqueren beim **Punkt 858** auf der Fahrstrasse erneut die Verzasca. Lieblicher und einladender ist die Landschaft. Entlang des Ufers wachsen Ginster und Schachtelhalm. Auf der anderen Seite liegt Frasco, das wir über die Hängebrücke erreichen könnten. Wir aber wandern nun weiter durch mooriges Gebiet, das von Lärchen und Birken durchsetzt ist. Den Kirchturm von **Sonogno** erspähen wir schon von Weitem. Über die Brücke und vorbei an Eisbahn und Kirche gelangen wir in das **pittoreske Dorf.** Sonogno ist das letzte bewohnte Dorf im Valle Verzasca. Im Herbst ist es in ein farbiges Kleid gehüllt, wenn die **gefärbte Wolle** zum

Standort Wanderwegweiser

Zum nächsten Zwischenziel

❶ Sonogno

20

Flanieren, wo Norden und Süden zusammenkommen

Locarno Stazione – Muralto – Minusio – Tenero – Brione – Madonna del Sasso – Locarno Stazione 11,25 km, 3¼ Std.

Die **Italianità** der Schweiz sowie der Hauch von Süden sind zweifelsohne in Locarno zuhause. Wir starten unsere Wanderung am **Bahnhof Locarno** und halten uns **abwärts zum See.** Das Kreischen der Möwen deuten wir als sicheres Indiz, dass wir richtig sind. **Palmen, Orangenbäume** und **Kamelien** – im **Frühling** ein unvergesslicher Anblick – zieren die Promenade, während auf dem See kleine bunte Boote schaukeln, Pedalofahrer ihre Liebste ausfahren und Schwäne mit Jungen ihre Bahnen ziehen. Der **Lago Maggiore** ist wohl einer der **schönsten Schweizer Seen,** dessen mildes Klima und die Nähe zu Italien unschätzbar wertvoll sind. Heben wir unseren Blick gegen links, erblicken wir mondäne Hotelkomplexe, hie und da schaut eine historische Kirche hervor und die **lombardischen Fassaden** Locarnos versprühen ihren ganz eigenen Charme.

So wandern wir denn entlang des Sees Richtung Osten und durchstreifen **Muralto,** einst das **Zentrum römischer Besiedlung** heute längst mit Locarno verschmolzen. Bei **Rivapiana** präsentiert sich uns stolz die **Kirche San Quirico e Giolitta,** deren **freistehender Kirchturm,** früher wohl ein mittelalterlicher Wehrturm, auch von stürmischen Zeiten am Lago Maggiore berichten könnte. Eine klare Grenze zwischen Muralto und **Minusio** gibt es nicht und wir halten weiter nach **Tenero** zu. Kurz darauf protzt auf der linken Seite die **Cà di Ferro,** eine ehemalige Kaserne, die etwa um **1560** als **Übungszentrum für Legionäre** erbaut wurde.
Hie und da lassen wir uns auf einer Bank nieder und geniessen das **«dolce far niente»,** wenn nicht hier, wo dann? Beim **Punkt 209** unterqueren wir die Hauptstrasse, halten uns in den engen Kurven rechts, und wandern zu-

erst auf einem Wanderweg, dann auf der Strasse bis zum Kreisel und halten uns anschliessend **links** (Wegweiser Nr. 1). Nach etwa 100 Metern gehen wir an der Kirche vorbei, bis wir beim Schild **«Grotto Scalinata»** links auf die Treppe nach **Mondacce** treffen. Der Wegweiser des **«Sentiero Collina basso»** bringt uns auf den **Höhenweg nach Locarno,** der uns fantas-

Schwierigkeitsgrad
Leichte Wanderung.

Richtzeit
Wanderzeit 3¼ Std.

Anreise
Locarno ist gut mit der Bahn durchs Centovalli oder über Bellinzona erreichbar.

Weitere Informationen
www.ticino.com
www.locarno.ch

Gaumenfreuden
Viele Ristoranti, Osterie und Bars locken auf der Wanderung!

44

Beschaulicher Strand bei Minusio

tische Ausblicke garantiert. Hinter den letzten Steinhäusern führt uns ein schmaler Pfad in den schattigen Kastanienwald hinein. Vorbei an einem schönen Wasserfall erreichen wir **Brione,** wo wir uns bei der Osteria Swan links halten. Wir folgen nicht mehr der Strasse, sondern einem kleinen Weg, der uns an Villen und Weinreben vorbei in die **Schlucht Rabissale** geleitet. In **Orselina** wartet ein weiteres Highlight auf uns und wir wandern zügig zur **Wallfahrtskirche Madonna del Sasso Santa Maria Assunta!** Besonders abends, wenn die gelbe Fassade ins Abendrot gehüllt ist und die Tagestouristen heimgekehrt sind, versprüht die Kirche etwas Magisches, das mit einem herrlichen Rundblick unterlegt wird. Der Bau der Kirche soll der Legende nach auf eine **Erscheinung eines Franziskanermönchs** zurückgehen, die er um **1480** erfahren haben soll. Er liess zwei Kapellen an diesem Ort der Andacht erbauen, die später um weitere Gebäude erweitert wurden. Die zahlreichen Votivbilder, das **Gnadenbild der Madonna** auf dem Hauptaltar (1480) und die **Pietà** im Klosterhof sind nur einige Sehenswürdigkeiten.

Beinahe ehrfürchtig nehmen wir das letzte Stück unserer Wanderung in Angriff. Es warten zwei Möglichkeiten auf uns: Entweder wir besteigen die **Standseilbahn Orselina–Locarno** oder aber wir tauchen über die **vielen Treppen** langsam in die Altstadt von Locarno hinein und lassen die Stadt noch ein wenig auf uns einwirken. So oder so empfiehlt es sich, die Wanderung zum Beispiel bei einem Cappuccino auf der **Piazza Grande** ausklingen zu lassen.

Standort Wanderwegweiser

Zum nächsten Zwischenziel

❶ Brione s. Minusio – Orselina
❷ Grotto Scalinata
❸ Sentiero Collina basso
❹ Orselina
❺ Madonna del Sasso – Locarno

21

Über die aussichtsreiche Sonnenterrasse hoch über Locarno

Cardada – Talstation Cimetta – Monteggia – Cimetta – Alpe Cardada – Cardada
7 km, 2¼ Std.

Bei der **Luftseilbahn Cardada** beginnen wir unsere Rundwanderung über den Hausberg Locarnos. Noch bevor wir in die Kabine einsteigen, treffen wir auf einen Sohn des Tessins, denn der **Stararchitekt Mario Botta** hat die Luftseilbahn entworfen. Lautlos schweben wir in die Höhe und geniessen bereits auf dem **25 Meter hohen Aussichtssteg** bei der Cardada ein fantastisches Panorama. Wir gelangen über eine Brücke durch die Baumwipfel auf eine trichterartige Erweiterung, von wo wir auf den **Lago Maggiore, Locarno, das Centovalli** und einen Teil des **Vallemaggia** blicken. Bevor wir uns von der Sonnenterrasse verführen lassen, machen wir uns auf und halten uns bei der Talstation des Sessellifts Cimetta links **Richtung Monteggia.** Unser Wanderweg ist gut markiert und wir wandern entlang der Südflanke der Cimetta (1672 m ü. M.). Der Wald versprüht einen angenehmen Geruch und ist mit Birken durchsetzt. Locarnos Freizeitberg ist belebt, zu verführerisch ist sein Angebot. Kurz vor Monteggia steigen wir in drei weiten Kehren gegen die Cimetta hoch und gewinnen schnell an Höhe. Der Weg wird etwas gemächlicher und wir schlendern wir über das **Hochplateau Cimetta.** Die Baumgrenze haben wir überschritten und die grünen Alpweiden strahlen uns entgegen. Oben auf der Cimetta starten Gleitschirmflieger und sind als farbige Punkte am blauen Himmel zu erkennen.

Wir wandern zur **Bergstation Cimetta** und weiter zur **geologischen Beobachtungsstation,** dem höchsten Punkt auf der Cimetta. Es erwartet uns ein **atemberaubender 360°-Rundblick.** Die kreisrunde Plattform wird von einer Geraden durchzogen, die der Insubrischen Linie entspricht, die vor Millionen Jahren die europäische von der afrikanischen Kontinentalplatte getrennt hat. Dieses Mal erliegen wir der Verlockung und suchen uns ein freies Plätzchen auf der **Sonnenterrasse der Capanna Ci-**

Schwierigkeitsgrad
Leichte Wanderung.

Richtzeit
Wanderzeit 2¼ Std.

An- und Rückreise
Ab Locarno mit der Standseilbahn nach Orselina. Die Talstation der Luftseilbahn Cardada befindet sich oberhalb der Wallfahrtskirche Madonna del Sasso. Für den Rückweg nach Locarno nehmen wir ebenfalls die Luftseilbahn (für Fahrplan bitte www.cardada.ch beachten).

Weitere Informationen
www.cardada.ch

Gaumenfreuden
Albergo Ristorante Cardada
Capanna Cimetta
Capanna «Lo Stallone»
Capanna Cardada

metta und geniessen das prächtige Wetter bei einem kleinen Tessiner Plättchen.

Gestärkt setzen wir unseren Rundgang fort. Wir halten auf die **Alpe Cardada** zu. Zuerst wandern wir auf Alpwiesen, tauchen ein in einen lichten Wald und setzen unseren Weg wieder über Wiesen fort. Bei der Alpe Cardada lacht uns die nächste Einkehrmöglichkeit, die Capanna «Lo Stallone», zu, doch wir haben noch etwas vor, weshalb wir wacker weiterwandern. Wir halten uns rechts **Richtung Cimetta** und streifen beim Punkt 1437 die Capanna Cardada, die ebenfalls mit Speis und Trank lockt. Wir geniessen nochmals diese unvergleichliche Aussicht, bevor uns der Weg in den Wald führt. Sachte senkt sich der Weg Cardada entgegen. In Serpentinen wandern wir zurück zur Bergstation. Unsere Füsse sind ein wenig geschunden, weshalb wir uns auf den nahe gelegenen **Reflexzonenpfad** begeben, wo die Natur neue Lebensgeister in uns weckt. Für Kinder ist das **Indianerdorf** eine gute Möglichkeit, noch vorhandene Energie in Rollenspiele zu stecken.

Beschwingt und glücklich begeben wir uns zur futuristischen **Bergstation Cardada** und gondeln in aller Ruhe Locarno entgegen.

Sessellift auf Cimetta

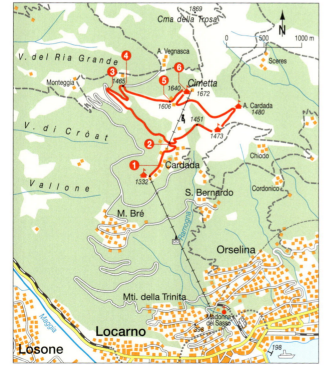

Standort Wanderwegweiser

Zum nächsten Zwischenziel

① Cimetta
② Alpe Vegnasca
③ Asphaltsträsschen rechts
④ Cimetta
⑤ Cimetta
⑥ Cardada

47

22

Entlang des Gambarogno – eine Höhenwanderung von Monti zu Monti

Dirinella–Monti di Caviano–Monti di S. Abbondio–Monti di Gerra–
Monti di Vairano–Moti di Piazzogna–Monti di Fosana–Fosana–Vira 13 km, 6 Std.

Die Gegend **Gambarogno** umfasst das Ostufer des Lago Maggiore und erstreckt sich von Magadino bis zur italienischen Grenze. Per Postauto kommen wir im kleinen **Dirinella** an und wandern von der Haltestelle ein wenig zurück. Zwischen den Häusern entdecken wir den Wegweiser **Richtung Monti di Caviano**. Der Aufstieg ist schweisstreibend und wir versuchen mit gleichmässigem Schritt zu gehen. Rechter Hand blicken wir dabei immer wieder in die imposante **Dirinellaschlucht**. Wir überwinden knapp 500 Höhenmeter, bis wir die Alpsiedlung **Monti di Caviano** erreicht haben. Zwischen den schönen Rustici, dem strohgedeckten Haus und dem Brunnen legen wir eine kleine Pause ein und schöpfen neue Kraft. Nach der Siedlung folgen wir dem nach links gehenden Weg **Richtung Monti di S. Abbondio**. Wir ignorieren den nach rechts abzweigenden Pfad und geniessen den schattigen Wald. Der Weg ist voller Buchenlaub und wir müssen vorsichtig auftreten, damit wir nicht abrutschen. Blicken wir linker Hand über den Lago Maggiore, entdecken wir **Brissago, die Inseln, das Maggiadelta** sowie die **Tessiner Berge**. Wir queren zwei kleine Täler und erreichen die **Monti di S. Abbondio**. Kurz vor den Rustici halten wir uns rechts und weiter geht es in leichtem Auf und Ab zur nächsten Alpsiedlung, zu den **Monti di Gerra**. All diese Alpsiedlungen liegen wirklich an vorzüglicher Lage und man ist beinahe versucht, ein solch schönes Rustico annektieren zu wollen. Weniger revolutionär, dafür guten Mutes setzen wir unsere Wanderung fort. Zuerst geht es **Richtung Monti di Vairano** und dann zur **Alpe Cedullo**. Wir stehen vor einem kurzen Abstieg ins kleine **Valle di Cedullo**. Sofort steigt der Weg wieder an und wir setzen unsere Höhenwanderung fort. Bald gelangen wir zu den **Monti di Vairano**. Hier lassen wir uns für eine ausgedehnte Rast nieder, packen unsere Rucksäcke aus und ge-

Schwierigkeitsgrad
Anspruchsvolle Wanderung.

Richtzeit
Wanderzeit 6 Std.

Anfahrt
Mit der Bahn nach Cadenazzo, da umsteigen aufs Postauto oder die Bahn (S30) nach Dirinella (bitte Fahrplan beachten). Von Vira fahren wir mit Postauto oder Bahn (S30) zurück nach Cadenazzo und von da weiter nach Bellinzona (bitte Fahrplan beachten).

Weitere Informationen
www.gambarognoturismo.ch
www.maggiore.ch

Gaumenfreuden
Ristorante, Monti Piazzogna
Ristorante Vela Bianca, Vira
(www.velabianca.ch)

48

Wackelige Bachüberquerung auf dem Höhenweg

niessen ein Picknick in herrlicher Kulisse.

Gestärkt setzen wir unsere Wanderung fort. Wieder schneidet ein Taleinschnitt unseren Weg und wir passieren das **Valle di Derbor**. Sachte steigen wir den **Monti di Piazzogna** entgegen, wo wir im kleinen Restaurant einkehren. Der Wegweiser, dem wir folgen, zeigt nach **Monti di Fosana**. Wir erreichen die Strasse, die sich angsteinflössend den Hang emporschlängelt und nach **Indemini**, dem ehemaligen **Schmugglernest** im **Veddascatal**, führt. Zudem gibt es hier die Möglichkeit, die Wanderung mit dem Postauto nach Vira abzukürzen. Wir nehmen den Abstieg zu Fuss in Angriff.

Vor uns liegt das kleine Dörfchen **Fosana**. Wir blicken auf den Lago Maggiore und hinunter nach Vira und machen einen kurzen Besuch bei der **Kapelle Santa Maria di Loreto**, deren **spätgotische Fresken** sehr sehenswert sind. Noch einmal mobilisieren wir unsere Kräfte und steigen nach **Vira** hinunter. Durch die engen Gassen schlagen wir uns an die Seepromenade durch, wo wir uns niederlassen und zufrieden gegen Locarno blicken. Per Bahn oder Postauto begeben wir uns anschliessend auf den Heimweg.

Standort Wanderwegweiser

Zum nächsten Zwischenziel

1. Monti di Caviano
2. Monti di S. Abbondio
3. Monti di Gerra
4. Monti di Vairano
5. Alpe Cedullo
6. Monti di Vairano
7. Monti di Piazzogna
8. Monti di Fosano
9. Vira G.

23

Über einen steilen Säumerpfad ins einstige Schmugglernest Indemini

Corte di Neggia (Alpe di Neggia) – Monti Idacca – Monti Scíaga – Indemini
6,5 km, 2¾ Std.

Der **Corte di Neggia** ist der Passübergang des **Monte Tamaro** (1961 m ü. M.) im Osten und des **Monte Gambarogno** (1734 m ü. M.) im Westen. Zwischen 1917 und 1920 wurde mit dem Bau der Passstrasse das Dorf Indemini mit Vira, westlich von Locarno, verbunden. Das Gebiet um den Monte Gambarogno gehört zu der gebirgigen Uferlandschaft nördlich des Lago Maggiore und der Blick auf dem Monte Gamborogno, der sich dem emsigen Bergwanderer offenbart, ist einzigartig. Doch nicht nur in luftiger Höhe, sondern auch in der zerfurchten Tallandschaft geniessen wir die Einzigartigkeit dieses beinahe vergessenen Winkels des Tessins. Ein Umstand, den sich vor allem zu Kriegszeiten gewiefte **Schmuggler** zu Eigen machten …

Auf der **Alpe di Neggia** angekommen atmen wir auf, denn die kurvenreiche Postautofahrt strapazierte doch ein wenig den Magen. Das Berggasthaus lädt durchaus zum Einkehren ein, doch wir machen uns erstmal auf den Weg nach **Monti Idacca**. Wir halten uns parallel zur Strasse und nehmen bei der ersten weiten Kehre den Fussweg weiter geradeaus. Es geht vorbei an der Häusergruppe **Cima al Prato** und bald treffen wir wieder auf die Strasse, der wir nach Monti Idacca folgen. Die Rustici von **Monti Idacca** schmiegen sich eng aneinander und blicken über die Berge zum Lago Maggiore hin. Von Monti Idacca zweigt unser Weg links ab Richtung **Monti Scíaga**. Der Pfad steigt zuerst etwas an und führt uns über Wiesen sowie lichte Waldstücke. Bald nimmt er eine Kehre und wir wandern entlang der Ausläufer des Monte Tamaro. Den kleinen Taleinschnitt des **V. della Pittorina** überqueren wir. Abwechslungsreich mündet der Wanderweg in einen dichteren Wald, wo wir auf den Taleingang des **V. Grassa di Dentro** treffen. Unmerklich steigt der Pfad an. Helles Tageslicht und Alpweiden empfangen uns. Die Alpe **Monti Scíaga** markiert unseren nächsten Fixpunkt. Von hier öffnet sich uns erneut ein herrlicher Blick, für welchen die Schmugg-

Schwierigkeitsgrad
Mittelschwere Wanderung.

Richtzeit
Wanderzeit 2¾ Std.

Anfahrt
Ab Magadino-Vira Stazione (über Locarno und Cadenazzo) mit dem Postauto bis Alpe di Neggia – bitte Fahrplan auf www.sbb.ch abfragen. Von Indemini zurück mit dem Postauto nach Magadino.

Gaumenfreuden
Ritrovo di Neggia, Passhöhe
Grotto Indeminese, Indemini
Ristorante Terrazza Martini, Indemini

50

ler aus vergangenen Tagen wohl kaum empfänglich waren. Durch das Veddasctal führten **Säumerwege,** auf welchen nicht nur Güter, sondern auch **Schmugglerware** von Italien über Indemini zum Lago Maggiore transportiert wurde.

Den steilen Abstieg von der Alpe Monti Scíaga nach Indemini bewältigen wir auf einem gut ausgebauten und markierten Weg. Jugendliche haben unter Anleitung der Gemeinde diesen Säumerpfad aufwändig restauriert, so dass er sich uns heute wie zu alten Säumer- oder eben Schmugglerzeiten präsentiert.

Das oberste und zugleich **einzige Schweizer Dorf des Veddascatals, Indemini,** zieht uns sofort in seinen Bann. Enge Gassen, finstere Torbögen, Holzlauben, steingedeckte Häuser und der Hauch einer etwas illegalen

Blick durchs Val Giona

Geschichte als Schmugglernest verleihen diesem Ort eine ganz besondere Atmosphäre. Früher arbeiteten die Männer Indeminis vorwiegend im **Mailänder Bahnhof** als Lastenträger. Die Frauen blieben während dieser Zeit alleine und standen unter Aufsicht eines strafversetzten Priesters, der vorher in China tätig war.

Nach einem ausgedehnten Dorfrundgang und einer Rast im Grotto können wir mit dem Postauto über die **Alpe di Neggia** zurück nach Magadino-Vira fahren.

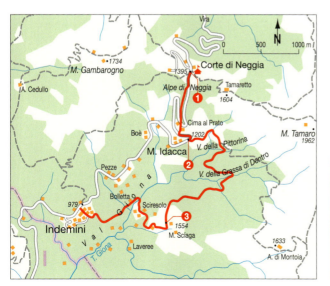

Standort Wanderwegweiser

Zum nächsten Zwischenziel

❶ Monti Idacca
❷ Monti Sciaga
❸ Indemini

51

24

In sonniger Aussichtslage von Ascona nach Brissago

Ascona–Ronco sopra Ascona–Porta–Brissago 9 km, 3½ Std.

Ascona gehört zu den **ältesten Siedlungen** am Lago Maggiore. Wir schlendern durch die **Via Locarno,** die hinunter zur **beliebten Seepromenade mit ihren imposanten Platanen** führt, und zweigen bald rechts ab und folgen dem Wegweiser **Richtung Monte Verità.**
Durch ein Wohnviertel gewinnen wir an Höhe und gelangen kurzum an eine Kreuzung, wo wir uns links halten und den **Sentiero Romano** begehen. Rechter Hand erhebt sich der **Monte Verità.** Ein Berg, der ab 1900 zu **besonderer Berühmtheit** gelangte. Im **Sanatorium Monte Verità** wurde eine neue Lebensphilosophie gegründet. Der Berg entwickelte sich zum Zentrum der Gegenkultur und Avantgarde und zog viele Intellektuelle an. Sowohl **Hermann Hesse** wie auch der Schriftsteller **Erich Mühsam** reihten sich in die prominenten Besucher ein. Heute ist nicht mehr viel von den **«ballabiotti»** (den Nackttänzern, wie die Einheimischen die Naturkolonisten nannten) übrig geblieben.
Beschwingt wandern wir weiter und geniessen den **wunderbaren Blick** über den Lago Maggiore und die umliegenden Berge. Kleine weisse Segel tummeln sich auf dem dunkelblauen See und ab und zu erblicken wir ein Ausflugsschiff, das auf die Brissago-Inseln zusteuert. Wir folgen ca. 700 Meter einer Fahrstrasse und zweigen dann rechts in einen Wanderweg ein. Immer wieder streifen wir Häuseransammlungen, die sich an dieser unbeschreiblichen Aussichtslage zu freuen scheinen. Unser Wanderweg trifft wieder auf eine Strasse. Wir halten uns links **Richtung Ronco sopra Ascona** zu. Wo sich die Strasse teilt, wählen wir die linke Fahrstrasse und in leichtem Auf und Ab erreichen wir bald **Ronco sopra Ascona.** Der Campanile der **Pfarrkirche San Martino** heisst uns willkommen. Nach mehrmaligen Umbauphasen er-

Schwierigkeitsgrad
Leichte Wanderung.

Richtzeit
Wanderzeit 3½ Std.

Anfahrt
Ascona ist gut mit dem FART-Bus oder dem Postauto ab Locarno Stazione erreichbar. Ab Brissago fährt der FART-Bus zurück nach Ascona (Locarno) oder aber wir fahren per Schiff zurück – bitte Fahrplan beachten (www.navlaghi.it).

Weitere Informationen
www.maggiore.ch
www.navlaghi.it

Gaumenfreuden
seven und seven easy, Ascona (www.seven-ascona.ch)
Osteria Nostrano, Ascona (www.osteria-nostrana.ch)
Hotel, Ristorante, Pensione Elisabeta, Ronco (www.pensione-elisabetta.com)
Einkehrmöglichkeiten in Brissago

Promenieren, wo es am schönsten ist

scheint die Kirche in klassizistischem Gewand. Im Innern finden sich spätgotische Fresken des Malers **Antonio da Tradate.** Unterhalb von Ronco sopra Ascona liegt **Porto Ronco.** Wer eine wirklich sportliche Einlage machen möchte, kann die 800 Stufen der malerischen Steintreppen in Angriff nehmen!
Unterhalb der Kirche weist uns der Wegweiser die Richtung nach **Monti di Ronco.** Es geht nur ein kurzes Stück zum nächsten Wegweiser, der uns **Porta** als nächste Orientierungshilfe anzeigt. Auf der geteerten Strasse wandern wir durch schattigen Wald. Immer wieder öffnen sich fantastische Blicke auf den See und kurz nach Ronco stehen wir gar den **Brissago-Inseln** gegenüber. Kurzweilig geht die Wanderung weiter.
Einzelne Häuser künden uns **Porta** an. Wir folgen der Strasse und nehmen nach der ersten Spitzkehre rechts die Abkürzung. Kurzum gelangen wir wieder auf die Strasse **Richtung Madonna del Sacro Monte** und folgen ihr. Sie macht einen weiten Bogen und für einen kurzen Moment blicken wir ins **Valle del Sacro Monte** hinein. Hinter der zweiten kleinen weissen Kirche, der **Madonna del Sacro Monte,** wählen wir die Treppe des Kreuzweges hinunter ins **Dorfzentrum von Brissago.** Dank der historischen Gebäude hat Brissago seinen ganz eigenen Charme bewahrt. Um **1848** wurde das Dorf durch etwas Unförmiges und Stinkiges, aber nicht minder Charaktervolles bekannt: die **Brissago-Zigarillos.** Wer noch Lust hat, kann mit dem Schiff auf die **Brissago-Inseln** übersetzen und sich in dem üppigen **botanischen Garten** ausruhen (bitte auf jeden Fall Schiffsfahrplan beachten).

Standort Wanderwegweiser

Zum nächsten Zwischenziel

1. Monte Verità
2. Sentiero Romano
3. Ronco s/Ascona
4. Monti di Ronco
5. Porta
6. Madonna di Sacro Monte
7. Brissago

25

Vom einsamen Arcegno ins kulturell pulsierende Verscio

Arcegno – Campo Pestalozzi – Golino – Verscio 9,25 km, 2½ Std.

Umgeben von dichtem Kastanienwald und in den Hügeln nördlich von Ascona liegt **Arcegno.** Gepflasterte Gassen führen in die verwinkelten Ecken des Örtchens. Hier ein kleiner pittoresker Brunnen, da munteres Gemurmel der Nachbarschaft unter einer langsam verblassenden Wandmalerei. Dicke Bananenbaumblätter und Efeuranken gehören hier genauso zum Dorfbild wie die herrliche Aussicht auf die bewaldeten Hänge. Bei der Kirche aus dem **14. Jahrhundert,** wo sich auch das sehr empfehlenswerte **Grotto Lauro** befindet, starten wir unsere Wanderung nach **Verscio** im fruchtbaren Pedemonte.

Wir folgen dem Wegweiser Richtung **Campo Pestalozzi.** Bereits **Hermann Hesse** zeigte sich von der Landschaft rund um Arcegno begeistert und verarbeitete seine Eindrücke im Gedicht **«Bei Arcegno»,** das um 1917 entstand. Beim Campo Pestalozzi weist uns die Wegmarkierung nach **Bollettina Lunga.** Wir passieren einzelne Steinhäuser und bei der Abzweigung nach Ruino halten wir uns rechts nach **Golino** zu. Der Weg senkt sich und wir schlagen uns durch einen herrlichen Wald, wo Kastanienbäume die Vegetation dominieren. Bereits am Waldrand erblicken wir die Häuser von Golino, dem einstigen **Tor ins Centovalli.** Früher, als noch keine Strasse durch das Tal der hundert Täler führte, war Golino Dreh- und Angelpunkt im **Säumerverkehr** nach Domodossola. So berichten denn auch die stattlichen Häuser, die die Piazza umschliessen, vom einstigen Wohlstand. Emsiges Treiben, Stimmen, die zur Eile mahnten, und die bepackten Maultiere bestimmten den Alltag des Dorfes.

Kaum haben wir das Centovalli erreicht, verlassen wir es auch wieder und setzen unsere Wanderung nach **Verscio** fort. Wir folgen dem Hotelwegweiser **Al Ponte Antico** und betreten das Pedemonte. Hier mündet die Melezza, der Fluss aus dem Cen-

Schwierigkeitsgrad
Leichte Wanderung.

Richtzeit
Wanderzeit 2½ Std.

Anfahrt
Arcegno ist mit dem Postauto ab Locarno, Ascona oder Losone erreichbar. Verscio ist an die Centovalli-Bahn angebunden.

Weitere Informationen
www.maggiore.ch
www.teatrodimitri.ch

Gaumenfreuden
Grotto Lauro, Arcegno (Kirche)
(www.grotto-lauro.ch)
Grotto Zelindo
(beim Wegweiser Nr. 1)
Grotto Brunoni, am Dorfeingang von Golino
Grotto Cavalli, Verscio
(www.grottocavalli.ch)

54

tovalli, in die Maggia. Fruchtbares Land und südliche Vegetation machen diesen Tessiner Landstrich besonders wertvoll. Entlang des rechten Ufers der Melezza wandern wir zur alten Brücke, überqueren diese und folgen dem **Velowegweiser** flussaufwärts nach **Verscio.** Bereits von Weitem erblicken wir den **Campanile,** den Kirchturm, der 1720 fertig gestellt wurde. Die Kirche **San Fedele** wurde bereits 1214 geweiht und der heutige Bau stammt von 1748. Eine Besichtigung des Gotteshauses lohnt sich, überrascht es doch mit wahren Kunstschätzen.

Im über 350 Jahre alten **Casa Leoni** ist das **Teatro Dimitri** zuhause. **Dimitri,** der Clown und Pantomime aus Ascona, hat hier nicht nur ein Theater gegründet, sondern auch eine Theaterschule von internationalem Rang und Namen eröffnet. Wer die Möglichkeit hat, sollte sich unbedingt eine Aufführung des festen Ensembles, der Schauspielschüler oder von Gästen ansehen. In den schmucken Gassen lassen wir uns in einem Ristorante oder einer Bar nieder, um in wohltuender Atmosphäre den Tag zu beschliessen.

Kirche von Arcegno

Standort Wanderwegweiser

Zum nächsten Zwischenziel

① Campo Pestalozzi
② Bollettina Lunga
③ Golino
④ Al Ponte Antico (Hotelwegweiser)
⑤ Verscio (Velowegweiser)

55

26

Vom unverfälschten Rasa in den Hauptort des Centovalli, Intragna

Rasa–Cadalom–Ponte Romano–Intragna 5,5 km, 2½ Std.

Unzählige Bäche und die Melezza haben das **Tal der hundert Täler** über Jahre hinweg geformt. Nebst dem unverfälschten Bergdorf **Rasa** erwarten uns auf diesem Streifzug imposante Tiefblicke ins Centovalli, in eine Landschaft, die zum Wiederkommen einlädt. Bereits die Anreise nach Rasa ist ein Erlebnis, denn das unberührte Bergdorf ist nur **zu Fuss** oder seit 1958 per **Luftseilbahn** erreichbar. In malerischem Gewand lädt uns Rasa auf einen Rundgang ein. Die barocke Kirche (1753 fertig gestellt), das **kleine Museum,** die alten typischen Rustici, eine Töpferschule, das **Grotto Ghiridone** und ein grosser **Brotofen** lernen wir dabei kennen. Von 1631 bis 1847 besassen die Einwohner Rasas gemeinsam mit Ronco, Losone und Terre di Pedemonte das Monopol für **Verladearbeiten** am Zoll von **Livorno,** was ihnen einen gewissen Wohlstand einbrachte.

Wir wandern von Rasa Richtung **Corcapolo-Intragna.** Leicht bergab geht es auf dem alten Saumweg durch den herrlichen Kastanienwald, wo früher Güter und Post ihren Weg nach Rasa fanden. Ab und zu erblicken wir ein altes, verfallenes Steinhaus, das die Pflanzen längst besetzt haben. Bald erreichen wir die breite Lichtung **Bosind,** die von einigen Hütten durchsetzt ist. Lichte Waldstreifen und Wiesen sind unsere nächsten Begleiter und wir setzen unsere Wanderung über der Talsohle des Centovalli fort.

Sachte fällt der Weg ab. Die Steinhäuser tauchen immer wieder auf und wir fragen uns, was sie uns wohl aus längst vergessenen Zeiten berichten könnten. Vorbei geht es an der Häusergruppe **Cadalom,** wo der Weg im Wald etwas abrupt abfällt. In einigen Serpentinen steigen wir hinab ins Tal des Baches Ri di Vacariccio, den wir überqueren. Alsbald geht der Weg wieder eben Richtung **Intragna** und wir wandern oberhalb der Melezza der **Ponte Romano** entgegen.

Schwierigkeitsgrad
Leichte Wanderung.

Richtzeit
Wanderzeit 2½ Std.

An- und Rückreise
Mit der Centovalli-Bahn ab Locarno bis nach Verdasio Stazione (Halt auf Verlangen), da auf die Luftseilbahn nach Rasa umsteigen. Sie ist von 1. März bis 15. November in Betrieb, nicht aber an jedem ersten Werktagsdienstag eines Monats (Revision). Intragna ist ebenfalls an die Centovalli-Bahn angebunden.

Weitere Informationen
www.procentovalli.ch
www.maggiore.ch

Gaumenfreuden
Grotto Ghiridone
Grotto du Rii (kurz vor Intragna)
(www.grottodurii.ch)
Weitere Ristoranti in Intragna

56

Bewachsenes Rustico in Rasa

Nach dem Weiler **Cripiano** steigen wir zur Melezza hinab. Hier erwartet uns die alte Römerbrücke – ein Kunstwerk. Fasziniert über die Bauweise überqueren wir die Brücke und steigen nach **Intragna,** in den Hauptort des Centovalli, hinauf. Der Wald wird abgelöst durch Weinberge und schon von Weitem erblicken wir den Campanile, mit **65 Metern** der höchste im Tessin, und die Steindächer, die sich auf dem Felssporn zwischen den Flüssen Melezza und Isorno zusammendrängen. In Intragna können wir uns über die Lebensweise der Talbewohner im **Museo regionale delle Centovalli e del Pedemonte** kundig machen: von den traditionellen Stoffschuhen, «**peduli**», bis hin zur Auswanderungsgeschichte (vor allem als Kaminfeger in die Lombardei und ins Piemont). Mit einer Entdeckungstour durch Intragna und einem lokalen Glas Wein lassen wir die Wanderung ausklingen.

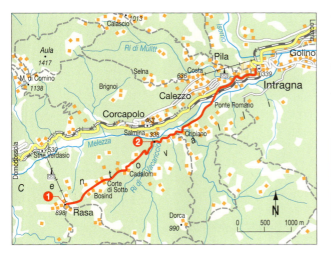

Standort Wanderwegweiser

Zum nächsten Zwischenziel

❶ Corcapolo – Intragna
❷ Intragna

27

Auf der Via del Mercato von Intragna nach Càmedo

Intragna–Monte di Comino–Verdasio–Càmedo 16 km, 6¼ Std.

Um sich auf den heutigen Tag einzustimmen, könnte man im **Regionalmuseum** des Centovalli und des Pedemonte in Intragna die Zeitreise beginnen. Der **alte Saumpfad,** der heute nach Restaurationsarbeiten wieder zu begehen ist, nennt sich **«Via del Mercato»** und wird ein wesentliches Stück unserer Wanderung entlang der Südseite des Centovalli darstellen.

So machen wir uns auf, wesentlich leichter bepackt als einst die Säumer, und wandern von **Intragna Stazione** ins Dorfzentrum. Auf der Fahrstrasse halten wir uns links und am Dorfausgang treffen wir auf einen Wegweiser, der uns die Richtung zur **Ponte Romano** zeigt. Nach ca. 10 Minuten und hinter dem Grotto du Rii, zweigt rechts eine Treppe **Richtung Calezzo** ab, der wir folgen. Der Weg steigt an und wir streifen unterwegs einen schönen bedachten Bildstock. Unser Weg schneidet drei Kurven der Strasse, der wir schliesslich nach **Calezzo** folgen. Wir durchqueren die kleine Siedlung und gelangen kurzum an eine dreifache Strassengabelung. Wir wählen das mittlere Strässchen **Richtung Monte di Comino.** Bald geht das Strässchen in den alten Saumpfad über. Durch mehrere Wildbachrunsen und durch die **Schlucht Corte di Picch** wandern wir auf teils spektakulären Wegabschnitten nach **Slögna.** Hier teilt sich der Weg. Wer den Monte di Comino nicht bezwingen möchte, folgt dem Saumpfad weiter geradeaus. Wir aber verlassen nun fürs Erste den Saumpfad und **halten uns rechts** zum Monte di Comino hinauf.

Der mit Platten belegte Weg beginnt in weiten Serpentinen anzusteigen. Wir durchqueren das kleine Val Cera und erreichen nach einem anstrengenden Aufstieg den **Monte di Comino** (1155 m ü. M.). In prachtvoller Lage lädt das heimelige Grotto al Riposo romantico zu einer Rast. Am gegenüberliegenden Hang entdecken wir **Rasa,** das ab Verdasio nur mit der Luftseilbahn erreichbar ist. Seit 1994 führt von Verdasio aus ebenfalls

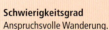

Schwierigkeitsgrad
Anspruchsvolle Wanderung.

Richtzeit
Wanderzeit 6¼ Std.

An- und Rückreise
Intragna ist gut mit der Centovalli-Bahn ab Locarno erreichbar. Càmedo ist ebenfalls an die Centovalli-Bahn angebunden, mit welcher wir unsere Rückreise nach Locarno antreten.

Weitere Informationen
www.procentovalli.ch
www.maggiore.ch

Gaumenfreuden
Ostello alla Capanna, Monte di Comino
Grotto al Riposo romantico, Monte di Comino
Osteria Grütli, Càmedo
(www.osteria-gruetli.ch)

Mediterranes Flair in Càmedo

eine Luftseilbahn auf den Monte di Comino hinauf.
Gestärkt setzen wir unsere Wanderung über liebliche Alpwiesen **Richtung Madonna della Segna** fort. Vor der **Wallfahrtskirche** biegt unser Wanderpfad scharf links ab und schlägt mit uns die Richtung nach **Verdasio** ein. Zuerst geht es über Wiesen, dann wieder durch den Wald, wo wir in weiten Kehren dem malerischen Verdasio immer näher kommen. In der letzten Kurve mündet der alte Saumpfad wieder in unseren Weg ein. Gemächlich erreichen wir **Verdasio,** dessen **Patrizierhäuser** uns beeindrucken. Durch enge Gässchen und dunkle Durchgänge schlagen wir uns zur Kirche hinunter, wo wir den Wanderweg nach **Lionza** wählen. Bald tauchen wir wieder in den Wald ein und steigen ins Bachtobel des Ri di Verdasio hinab. Der Gegenanstieg bringt uns auf eine breite Lichtung, doch bald hat uns der Wald wieder. Wir überqueren mehrere Bachrunsen und rechter Hand erblicken wir bald die Häuser von Lionza. Für einmal ignorieren wir die schönen Häuser und halten uns weiter Richtung Càmedo zu. Der alte Saumpfad bringt uns zum Ri di Mulitt. Wir überqueren den Bach und gelangen zum **Parco dei Mulini,** wo historische Zeugnisse ausgestellt sind. Sogleich gelangen wir auf die Strasse, der wir nach **Borgnone** folgen. Der **spätmittelalterliche Turm** der Pfarrkirche Santa Maria Assunta begrüsst uns und wir durchstreifen das Dörfchen. Zurück auf der Strasse wandern wir nach **Càmedo,** das nur unweit von der italienischen Grenze liegt. Das kleine Grenzdorf lädt zu einem Rundgang ein, den wir im schönen Osteria Grütli ausklingen lassen.

Standort Wanderwegweiser

Zum nächsten Zwischenziel

1. Ponte romano
2. Calezzo
3. Monti di Comino
4. Mad. d. Segna
5. Verdasio
6. Lionza
7. Càmedo

28

Durchs archaische Val Onsernone nach Intragna

Loco–Rossa–Niva–Vosa di Dentro–Scherpia–Vosa–Pila–Intragna 6 km, 2½ Std.

Die malerischen Dörfer schmiegen sich an den steilen Südhang des **Val Onsernone**. Im **18. und 19. Jahrhundert** war das Tal bekannt für seine **Produkte aus Stroh**. Hüte, Körbe und ähnliche Gegenstände wurden gar bis **Südamerika** exportiert. Doch wie in jedem anderen Tal des Tessins setzte auch im Val Onsernone im 19. Jahrhundert eine grosse Auswanderungswelle ein. Die **einzelnen Herrschaftshäuser** im Tal berichten von den zu Reichtum gekommenen Heimkehrern.

Die Eigentümlichkeit des Val Onsernone zog auch viele Intellektuelle an, die auf der einen Seite Inspiration und auf der anderen auch politisches Asyl suchten. **Golo Mann, Max Frisch, Alfred Andersch** zum Beispiel erkoren **Berzona**, oberhalb von Loco, zu ihrer **Wahlheimat**.

Im **Talhauptort** und einstigen **Zentrum der Strohflechterei**, **Loco**, starten wir mit unserem Streifzug durchs Val Onsernone. Das Dorf besticht durch einen **malerischen Kirchplatz** mit toskanischen Säulen, die **steilen Gassen** und die vielen sehenswerten **Fassaden mit ihren Loggien**. Und wer sich näher über die Lebensweise der Talbewohner informieren möchte, kann dies im **Museo Onsernonese** in der **Casa Degiorgi**, dem eine **Mühle** angehört, tun. Wir wandern südwärts Richtung Intragna aus Loco hinaus. Steil geht es hinunter zur Häusergruppe von **Rossa** und gleich weiter zum nächsten Etappenziel, dem verlassenen **Weiler Niva**. Die Pflanzen haben längst die Oberhand über die Steinmauern gewonnen. Auf dem fruchtbaren Boden von Niva entdecken wir einige Reben. Die kleine Kirche ist dem Brückenheiligen **Nepomuk** geweiht.

Von Niva tauchen wir hinab zum Fluss Isorno, der sich durchs enge Onsernonetal seinen Weg bahnt. Er muss viele Höhenunterschiede überwinden, sprudelt munter gegen Intragna zu und wird von den Bächen der Hänge gespeist. In der bewaldeten Schlucht angekommen überqueren wir den Isorno auf der **50 Meter** hohen Stahlbrücke und erreichen die andere Talseite.

Schwierigkeitsgrad
Mittelschwere Wanderung.

Richtzeit
Wanderzeit 2½ Std.

An- und Rückreise
Von Locarno Stazione direkt mit dem Postauto (Valle Onsernone/Spruga) nach Loco, Paese. Von Intragna fährt die Centovalli-Bahn oder das Postauto nach Locarno zurück.

Weitere Informationen
www.onsernone.ch

Gaumenfreuden
Cafè della Posta, Loco
Grotto du Rii, Intragna
(www.grottodurii.ch)

60

Idyllische Wanderwegführung in Vosa

Der Aufstieg nach Scherpia und Vosa beginnt. Mischwald und Kastanien sind unsere Weggefährten und sorgen für den nötigen Schatten bei diesem Teilstück. Der **über 200 Jahre alte Saumweg** war früher die einzige Verbindung zwischen dem **Val Onsernone** und dem **Centovalli**. Immer wieder treffen wir auf Bildstöcke und zahlreiche Wegkreuze. Wir streifen die kleinen Häusergruppen von **Vosa di Dentro, Scherpia** und anschliessend jene von **Vosa,** wo wir uns zu einer wohlverdienten Rast niederlassen; der grösste Kraftakt ist geschafft.

Gestärkt bezwingen wir die letzten Höhenmeter und haben bald den **höchsten Punkt (613)** unserer Wanderung erreicht. Gemächlich gehen wir den Abstieg nach **Pila** an. Das kleine Dorf liegt auf einem Felssporn zwischen den Flüssen Isorno und Melezza und überragt Intragna. Ein wunderbarer Blick öffnet sich uns auf **Intragna** mit **dem höchsten Kirchturm** (65 m) des Tessins, auf das **72 Meter lange Eisenbahnviadukt,** im Osten auf die **Luganer Berge** mit dem **Monte Generoso** und im Westen auf die **Cimetta-Gruppe.**

Der weitere Weg ist mit Geländern gesichert und bringt uns in einer halben Stunde hinunter ins schöne Intragna, wo wir uns in den **historischen Gassen** ein ruhiges Plätzchen zum Einkehren suchen. Intragna ist die **grösste Gemeinde des Centovalli,** dessen Durchquerung mit der Centovalli-Bahn (Locarno–Domodossola) ein einmaliges Erlebnis darstellt.

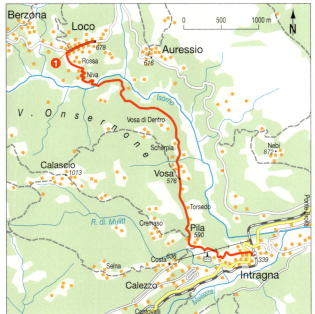

Standort Wanderwegweiser

Zum nächsten Zwischenziel

❶ Intragna

Wo sich das Centovalli und das Vallemaggia berühren

Ponte Brolla–Tegna–Streccia–Dunzio–Aurigeno–Ronchini 11 km, 3¾ Std.

Eng und bedrohlich strecken sich die Felsen in die Höhe und in unvergleichlicher Farbe bahnt sich die **Maggia** ihren Weg durch die Schlucht, «**Orrido di Ponte Brolla**». Das Wasser hat die Felsen glatt geschliffen und sich einen beeindruckenden Weg in den Felsriegel gefressen. Beim Restaurant in Ponte Brolla folgen wir den Wegweisern «Orrido» (Eintrittsgeld), um in die **Maggia-Schlucht** hinabzusteigen. Die glatten Felsen und die Strudel der Maggia vereinen sich zu einem beeindruckenden Naturschauspiel, 33 Meter über uns führt die alte Brücke über die Schlucht.

Wieder oben angekommen wandern wir über die Brücke Richtung **Tegna** und werfen nochmals einen Blick in die Tiefe. Unser erstes Teilstück legen wir auf der Strasse zurück. Nach zehn Minuten erreichen wir Tegna. Am Dorfplatz weist uns das Schild nach **Dunzio** den Weg, der uns direkt in einen schönen Eichenwald führt. Langsam steigt er an. Mehr als 200 Höhenmeter gilt es nun zu überwinden. Bei der **Kapelle S. Anna** machen wir eine kurze Rast und geniessen den Ausblick über **die Terre di Pedemonte, Locarno** und zu den **Centovalli-Dörfern** bis nach Intragna hin.

Weiter geht es durch einen typischen Kastanienhain und immer wieder treffen wir auf verwitterte Bildstöcke. Stetig ansteigend schlängelt sich der Weg Richtung Norden. Vorbei an Steinmauern, über Wiesen und durch Waldstücke erreichen wir nach etwa zwei Stunden den Passübergang bei den verlassenen Steinhäusern von **Streccia**. So gelangen wir vom Riei-Tal ins **Val Nocca** und steigen nach Dunzio hinab. Bei der Holzbrücke erhaschen wir zum ersten Mal einen Blick ins Maggiatal.

Mit der Sonne als Begleiterin setzen wir unseren Weg durchs Val Nocca nach **Dunzio** fort. Die Steinhäuser begrüssen uns und wir wandern ein Stück auf der Strasse, die nach Aurigeno führt. In der ersten Serpentine öffnet sich das **Bassa Valle,** das untere

Schwierigkeitsgrad
Mittelschwere Wanderung.

Richtzeit
Wanderzeit 3¾ Std.

An- und Rückreise
Ab Locarno mit der Centovalli-Bahn oder dem Bus bis Ponte Brolla. Die Rückreise ab Ronchini erfolgt mit dem Bus bis Locarno.

Weitere Informationen
www.vallemaggia.ch
www.ticino.ch

Gaumenfreuden
Grotto «da Rosy», Streccia
Grotto al Ronchini

Steinbrücke über den Ri da Riei

Maggiatal, und wir blicken nach Ponte Brolla und Avegno. Die Tessiner Steinhäuser, Weinbau, Palmen und Kastanien sind typisch für das Basse Valle, während im oberen Tal Holzhäuser und die enger stehenden Berge die Landschaft prägen.
Bei der **Forc. di Dunzio** verlassen wir die Strasse und zweigen rechts in den Wanderweg «Sentiero dei Romani» ein.

Vorbei am **Oratorium Madonna del Carmelo,** das in neuem Glanz erstrahlt, wandern wir durch den lichten Wald nach **Ronchini** und über **Terra di Fuori** weiter nach **Aurigeno.** Seit der Forc. di Dunzio senkt sich der Weg und wir können ohne grosse Anstrengung das Maggiatal geniessen. Aurigeno ist der Geburtsort von **Giovanni Antonio Vanoni** (1810–1886), dem bedeutenden Maler aus dem Vallemaggia. In der Pfarrkirche San Bartolomeo prangen zum Beispiel wunderschöne Rokoko-Ausmalungen von Vanoni.

Am **Dorfende** biegen wir rechts ab nach **Ronchini**, folgen der Strasse, um uns bei der zweiten Strasse wieder rechts zu halten und nach dem kleinen Weinberg auf der linken Seite links abzubiegen, der uns an die Maggia bringt. Nur noch einen Brückenschlag entfernt liegt unser Wanderziel. Mit dem Gang über die Hängebrücke beschliessen wir diese schöne Wanderung durchs untere Maggiatal in **Ronchini.**

Standort Wanderwegweiser

Zum nächsten Zwischenziel

1. Tegna
2. Dunzio
3. Aurigeno
4. Ronchini

Das kleine Ristorante verkürzt uns das Warten auf den Bus, der uns zurück nach Locarno bringt.

30

Hinein ins Vallemaggia – von Ascona nach Maggia

Ascona – Avegno – Aurigeno – Maggia 20,5 km, 6 Std.

Unter den mächtigen **Platanen** der berühmten **Seepromenade Locarnos** beginnen wir unsere Wanderung. Beim neuen Boothafen führt uns der Wanderweg um den Golfplatz herum auf eine wenig befahrene Strasse, der wir entlang von **Reisfeldern** an die **Maggia** folgen. Schnurgerade mündet die Maggia in den Lago Maggiore und bringt je nach Wasserstand Schwemmmaterial mit sich. Früher beförderten die Talbewohner das **geschlagene Holz** auf der Maggia Richtung **Pedemonte** und **Locarno**.
Lieblich ist die Uferlandschaft auf dem «**Sentiero Lungo il Fiume**». Linker Hand breitet sich das Dorf **Losone** aus. Wir halten weiter geradeaus und gelangen bald an den Punkt, wo die **Melezza** in die Maggia fliesst – das **Centovalli** trifft auf das **Vallemaggia**. Wir folgen ein Stück der Melezza und überqueren diese, um sogleich gegen **Tegna** anzusteigen. Wir machen einen kurzen Streifzug durchs schöne Tegna, wo die **Krimiautorin Patricia Highsmith** bis zu ihrem Tode 1995 wohnte, bevor wir auf der Strasse und entlang der Centovalli-Bahn weiterwandern, um bald links **Richtung Avegno** abzuzweigen. Ein kurzes Stück folgen wir der Strasse und halten uns kurzum gemäss Wegweiser nach **Avegno di Fuori**. Dabei überqueren wir die Maggia und erreichen die Talstrasse, von der nach ca. 250 Metern unser Wanderweg rechts abzweigt. Leicht steigt der Weg an. Unter uns sehen wir die ersten **Weinreben** und bald gelangen wir ins Dörfchen **Avegno di Fuori,** wo sich die Häuser eng aneinander drängen. Avegno ist zweigeteilt und so durchqueren wir Avegno di Fuori, um sogleich im rustikalen **Avegno di Dentro** in einem der **einladenden Grotti** eine kurze Rast einzulegen.
Gestärkt gelangen wir auf die Talstrasse, bis wir linker Hand zur Brücke kommen. Wir wechseln auf die andere Uferseite und nehmen sogleich einen steilen Anstieg in Angriff. Der **berühmte Kletterfelsen** sticht uns ins Auge. Es ist Vorsicht geboten, denn der Pfad ist schmal

Schwierigkeitsgrad
Anspruchsvolle Wanderung.

Richtzeit
Wanderzeit 6 Std.

An- und Rückreise
Ascona ist gut mit dem FART-Bus oder dem Postauto ab Locarno Stazione erreichbar. Von Maggia fährt ein Bus nach Locarno zurück (bitte Fahrplan beachten).

Weitere Informationen
www.maggiore.ch
www.vallemaggia.ch

Gaumenfreuden
Einkehrmöglichkeiten in Ascona und Maggia.
Grotto Mai Morire, Avegno
Grotto Al Bosco, Avegno
Osteria Al Sasso, Avegno

Historische Kirche in südlichem Ambiente

die auf das 16. Jahrhundert zurückgeht. Wir verlassen das Dorf und wandern zur Maggia, die wir überqueren. In Maggia treffen wir in der **Kirche Madonna delle Grazie** erneut auf **Vanoni**. Die Arkaden, Gassen, authentischen Häuser und Bars laden zum Entdecken und Verweilen ein, bevor wir uns per Bus auf den Rückweg machen.

und das Gelände steil – Trittsicherheit ist von Vorteil! Den steilen Abstieg haben wir geschafft und gemächlicher wandern wir weiter. Auf der anderen Seite erblicken wir **Gordevio,** wo sich die Häuser sonnen. Bald erreichen wir eine Kreuzung, wo wir uns am Wegweiser **Richtung Aurigeno** orientieren. In einem Bogen treffen wir auf den kleinen Weiler **Terra di Fuori,** von wo wir auf der Strasse nach Aurigeno wandern. An verträumter Lage liegt **Aurigeno,** das Heimatdorf des Malers **Giovanni Vanoni,** der viele Spuren im Maggiatal hinterlassen hat. Hier können wir in der **Kirche San Bartolomeo** bewundern: die wunderschöne **Rokoko-Ausmalung.**

Am Dorfausgang halten wir geradeaus **Richtung Maggia**. Abwechslungsreich ist unser letztes Teilstück: Bäche, Wälder, Weinreben und die über Jahrhunderte hinweg geformte Landschaft lassen keine Langeweile aufkommen. So schön wir die Gegend empfinden, so feindlich war sie einst den Talbewohnern gesinnt. Die Friedhöfe der Dörfer des Maggiatals erzählen unzählige Schicksale, Geschichten von Menschen, die in der Fremde Geld und Glück suchten.

Das kompakte Dorf **Moghegno** empfängt uns mit einem **schönen Dorfplatz** und einer Kirche,

Standort Wanderwegweiser

Zum nächsten Zwischenziel

1. Locarno
2. Locarno
3. Sentiero Lungo il Fiume
4. Astovia Locarno
5. Avegno
6. Avegno di Fuori
7. Avegno
8. Aurigeno
9. Aurigeno
10. Maggia

Steine, Kunst, Geschichte – vereint im oberen Vallemaggia

Maggia–Lodano–Someo–Cevio–Bignasco 18,5 km, 4¾ Std.

Bereits auf unserer ersten Etappe durchs Maggiatal haben wir den bemerkenswerten Künstler **Giovanni Antonio Vanoni** kennen gelernt. Bevor wir mit unserer Wanderung starten, bewundern wir nochmals seine **reich verzierten Fresken** in der **Kirche Madonna delle Grazie.** Das Morgenlicht verleiht der Kirche sowie der dargestellten Szene ein ganz besonderes Kleid.

Was Vanoni in seinen Werken verarbeitete, dient uns heute als herrliche Wanderkulisse. Wir schlagen in Maggia die Richtung nach **Lodano** ein, überqueren die Maggia und halten uns nach der Brücke rechts und wandern am rechten Ufer talaufwärts. Hier sucht sich das Wasser seinen eigenen Weg und bietet somit viel Raum für eine reiche Fauna und Flora. Wir streifen kleine Weinberge, wo vor allem die **Amercanél** (Amerikanerrebe) angebaut wird. Sachte steigt der Weg etwas an, doch bald geht es wieder gemächlich geradeaus. Wir erreichen den kleinen Weiler **Torn.** Bis Lodano sind nun die Weinreben, die auf **Terrassen wachsen,** unsere Begleiter. Die **Kirche San Lorenzo** wurde bereits **1260** erstmals erwähnt und wahrscheinlich im 17. Jahrhundert umgebaut. Lodano blieb dank Weinbau und ausgedehnter landwirtschaftlicher Nutzflächen von der grossen **Auswanderungswelle** im 19. Jahrhundert **weitgehend verschont.**

Wir setzen unsere Wanderung Richtung **Someo** fort. Die Strasse führt uns aus dem Dorf hinaus und mündet in einen Wanderweg. Nochmals bestaunen wir die alten Weinreben. Unser Pfad senkt sich ein wenig der Maggia zu. Gegenüber erblicken wir die Häuser von **Coglio** und gleich darauf entdecken wir das Nachbardorf **Giumaglio.** Ein Wegweiser zeigt uns die Richtung nach **Someo/Cevio.** Die Uferlandschaft ist wunderschön und abwechslungsreich. Es wäre ein Sünde, hier keine Rast einzulegen und die Füsse (oder mehr) nicht in der Maggia zu baden. Nach einer kurzen Rast setzen wir unseren Streifzug durchs

Schwierigkeitsgrad
Mittelschwere Wanderung.

Richtzeit
Wanderzeit 4¾ Std.

An- und Rückreise
Maggia ist ab Locarno gut mit dem Postauto erreichbar. Von Bignasco fährt das Postauto zurück nach Maggia bzw. Locarno.

Weitere Informationen
www.vallemaggia.ch
www.museovalmaggia.ch (April bis Oktober, Montag geschlossen)
www.pietraviva.ch

Gaumenfreuden
Ristorante Quadrifoglio, Maggia
Ristorante Cramalina, Lodano
Osteria Castello, Cevio
Grotto Franco, Cevio
Albergo della Posta, Bignasco

Maggiatal fort. In leichtem Auf und Ab geht es nach **Someo**. Wir erkennen die Häuser des kleinen Dorfes und überqueren die Maggia, nach der Brücke halten wir uns rechts und machen eine kurze Dorfbesichtigung. Wir passieren die Talstrasse und schlagen uns durch die **kleinen Gassen Someos**. Bei der nächsten Kreuzung gehen wir links und

Am Zusammenfluss von Maggia und Bavona – Bignasco

wandern immer weiter geradeaus. Der Weg führt uns aus dem Dorf hinaus und weiter der Talstrasse entlang. Nach einer knappen halben Stunde zweigt ein Wanderweg rechts von der Strasse ab, der uns zum kleinen Weiler Riveo geleitet, uns aber sogleich zurück zur Strasse bringt, der wir für eine knappe Dreiviertelstunde folgen. Nach Visletto halten wir uns links **Richtung Cevio** und wir überqueren erneut die Maggia. Cevio ist **zweigeteilt** und **Hauptort des Maggiatals**. Über **Cevio Piano** gelangen wir nach **Cevio**.

Standort Wanderwegweiser

Zum nächsten Zwischenziel

1. Lodano
2. Someo
3. Someo
4. Someo/Cevio
5. Cevio
6. Cevio
7. Cevio
8. Bignasco

Cevio ist ein **kleines Juwel**: die Häuser, die grosszügige Piazza, das ethnografische Museum, der stattliche Kirchturm, Kunst, wo man geht und steht, die gepflasterten Strassen und Wege, die alte Steinbrücke … Von Cevio gehen sehr **empfehlenswerte Lehrpfade** ab, die unter dem Motto «**Vallemaggia pietra viva**» stehen. Es lohnt sich, die Prospekte beim Vallemaggia Turismo anzuschauen und sich auf Entdeckungstour zu begeben.

Voller Eindrücke und mit Cevio im Herzen wandern wir weiter **Richtung Bignasco**. Wir halten uns am rechten Maggiaufer und legen ohne grosse Mühe unser letztes Teilstück zurück. Nach einer knappen Stunde erreichen wir **Bignasco**, das am Zusammenfluss der **Maggia** und der **Bavona** liegt und so gewissermassen den Eingang zum **Val Bavona** bildet. Wir schlendern durch das schöne Dorf und, wer mag, macht sich auf die Suche nach der **Wolfsfalle – lüera –** im **Sott Piodau**.

Von Bignasco ins überraschende Val Lavizzara

Bignasco – Mulini – Prato – Peccia – Mogno – Fusio 18 km, 6½ Std.

Wir verabschieden uns vom historischen Charme Bignascos und den herrschaftlichen Häusern. Von der Haltestelle Post wandern wir entlang der Strasse, halten uns rechts, überqueren die **Bavona**, um sogleich auch noch die **Maggia** auf der alten Brücke zu passieren. Hier weist uns die Wegmarkierung die Richtung nach **Fusio**. Wir wandern auf der rechten Flussseite gegen Norden und geniessen die herrliche Landschaft. Mal geht es durch schattigen Wald, mal über blumenreiche Wiesen und wir streifen die Weiler **Besso**, **Ranee** und **Presa**, wo der Weg ein wenig ansteigt. Bald schwenkt er zur Maggia hinunter und wir wechseln die Uferseite und gelangen auf die Fahrstrasse, der wir nach rechts bis **Mulini** folgen. Von der geteerten Strasse verabschieden wir uns für einen Moment und wechseln wieder auf die Südseite der Maggia. Mittlerweile ist der Tag fortgeschritten und die Sonne wärmt uns. Hier fliesst die Maggia ruhig und kaum jemand verirrt sich an die naturbelassenen Ufer. In dieser wunderschönen Landschaft setzen wir unseren Weg durchs Val Lavizzara fort. Gemütlich und ohne grosse Steigung dringen wir tiefer in das **Val Lavizzara** ein. Hierbei hüpfen wir über den **Ri di Val Mala**, den **Ri delle Seaglie** und über den **Ri di Froda**. Nach unserem dritten Bachhüpfer und auf der Höhe von **Broglio** achten wir besonders auf den Weg. Wir zweigen rechts ab, um sogleich wieder links Richtung Fusio zu wandern. Bald wandern wir ins **Bachtobel des Ri di Tomè** hinein und überqueren diesen. Wir treffen auf einen Wegweiser, dem wir **Richtung Peccia** folgen. Wir verlassen das kleine Tal und wandern über Corsgela nach Vedlà und Ciòss. Der Wanderpfad durchstreift anschliessend die Campagna, um uns in **Prato** wieder über die Maggia zu geleiten. Wir folgen dem rechten Uferweg, blicken hinüber nach **Sornico**, dem **Hauptort des Lavizzaratals**, um nach ca. einem Kilometer wieder rechts über die Maggia zu halten. Der

Schwierigkeitsgrad
Mittelschwere Wanderung.

Richtzeit
Wanderzeit 6½ Std.

An- und Rückreise
Bignasco ist gut mit dem Postauto ab Locarno erreichbar. Von Fusio fährt das Postauto zurück nach Locarno (bitte Fahrplan beachten).

Weitere Informationen
www.vallemaggia.ch
www.pietraviva.ch

Gaumenfreuden
Albergo della Posta, Bignasco
Ristorante al Ponte, Prato
Grotto Pozzasc, Peccia
Antica Osteria Dazio, Fusio
(www.hats.ch)
Albergo Ristorante La Pineta, Fusio

Mario Bottas Werk – Kirche San Giovanni Battista Decollato

erspähen wir Fusio. Die Häuser drängen sich eng auf einer Sonnenterrasse aneinander. **Fusio** ist ein Knotenpunkt und oberstes Dorf vom **Val Lavizzara.** Mehrere wunderschöne Passwanderungen lassen sich von hier aus unternehmen. Wir beenden unsere Wanderung durch das Val Lavizzara mit einem Dorfrundgang und machen uns anschliessend mit dem Postauto auf die Heimreise.

Uferweg orientiert sich nun am Verlauf der Maggia und wir folgen dem Wegweiser nach **Peccia.** Im kleinen **Valle di Peccia** findet sich der **einzige Marmorsteinbruch** der Schweiz. Wir erreichen die Fahrstrasse und in der zweiten Kurve der Strasse zweigt unser Weg links Richtung Fusio ab und geht quasi geradeaus den Berg hoch. Auf dem weiteren Zickzackweg gewinnen wir noch mehr an Höhe und überblicken die Maggia und die schöne Tallandschaft.

Wir streifen die Hütten von **Corsgell** und gelangen erneut auf die Fahrstrasse, der wir für ca. 700 Meter folgen. Danach halten wir uns rechts und spazieren auf dem immer etwas ansteigenden Weg nach **Mogno.** Das kleine Dorf ist vor allem wegen seiner futuristisch wirkenden **Kirche San Giovanni Battista Decollato** des Stararchitekten **Mario Botta** bekannt. Sie wurde zwischen **1992 und 1997** erbaut und hebt sich durch ihre zylindrische, schräg abgeschnittene Form von der alpinen Landschaft ab. Mit heimischem Gneis und Marmor hat Botta die Kirche in Szene gesetzt.

Wir setzen unseren Streifzug **Richtung Fusio** fort (Wegweiser 6), halten uns bei der Weggabelung rechts und folgen dem Weg für ca. 250 Meter, um sogleich rechts in den zweiten Wanderweg aufzusteigen, auf dem wir dann gegen links weiter gegen **Fusio** zuhalten. Auf unserem letzten Wegstück tauchen wir nochmals in Kastanienwald und kühlen unsere Hände bei den nächsten Bächen, die wir überqueren. Bei **Solvia** treffen wir auf eine kleine Kapelle. Bald

Standort Wanderwegweiser
Zum nächsten Zwischenziel
❶ Fusio
❷ Peccia
❸ Peccia
❹ Peccia
❺ Fusio
❻ Fusio

Vom deutschsprachigen Bosco Gurin durchs Val Rovana

Bosco Gurin – Corino – Cerentino – Collinasco – Linescio – Cevio 14 km, 4 Std.

Das **einzige deutschsprachige Dorf** des Tessins liegt auf 1503 m ü. M. Im **13. Jahrhundert** zogen die **deutschsprachigen Walser** aus dem **Pomat** (Italien) über die **Guriner Furka** nach Bosco Gurin und gründeten an dieser Stelle eine **Walsersiedlung.** Im **Walserhaus** können wir in die Geschichte der Walser und von Bosco Gurin eintauchen. Das stattliche Haus hat schon viele Winter hinter sich, wird doch sein Baujahr auf **1386** geschätzt. Der **«Sentiero di pietra»** führt zu zahlreichen Elementen der Geschichte, Tradition und Kultur der Walser. Bei unserem Gang durch das schöne Dorf versuchen wir dem **Gurinerdeutsch** zu lauschen, das die Bewohner von Bosco Gurin neben Italienisch sprechen.

Von Bosco Gurin folgen wir der Strasse talauswärts. Nach guten 500 Metern zweigen wir unmittelbar gegenüber der **zweiten kleinen Votivkapelle** in den Wanderweg ein. Der Weg führt uns an die **Rovana** und wir wandern entlang des linken Flussufers. Der Wald spendet kühlen Schatten. Bald gelangen wir auf die schöne Lichtung von **Ciòs,** wo wir die Rovana überqueren und unseren Weg am rechten Ufer fortsetzen. Gemütlich wandern wir auf dem stets abwärtsführenden Weg in dieser Uferlandschaft. Grosse Felsblöcke säumen unseren Weg und kurz vor **Corino** vereinigen sich Strasse und Wanderweg für einen Moment. Wir lassen die Häuser von Corino hinter uns und wandern **Cerentino** zu, wo sich das Val Rovana verzweigt: **Valle di Campo** und **Valle di Bosco Gurin.** Cerentinos **Pfarrkirche Madonna della Grazie** geht auf das **15. Jahrhundert** zurück und enthält sehenswerte Stuckaturen und Fresken aus dem 17. Jahrhundert. Wir genehmigen uns noch kurz einen Cappuccino und folgen vorerst der Strasse **Richtung Cevio.** In einer langen Kehre sucht sich die Strasse ihren Weg durch die Landschaft. Die bemalte **Casa dei Turill** steht etwas unvermittelt, aber

Schwierigkeitsgrad
Mittelschwere Wanderung.

Richtzeit
Wanderzeit 4 Std.

An- und Rückreise
Mit dem Postauto ab Locarno bis Cevio, da umsteigen nach Bosco Gurin (bitte Fahrplan beachten). Von Cevio aus fährt das Postauto zurück nach Locarno (bitte Fahrplan beachten).

Weitere Informationen
www.vallemaggia.ch
www.bosco-gurin.ch
www.walserhaus.ch

Gaumenfreuden
Hotel Walser, Bosco Gurin
(www.hotel-boscogurin.ch)
Ristorante Centrale, Cerentino
Osteria Castello, Cevio
Grotto Franco, Cevio

nicht weniger imposant vor uns. Noch immer wandern wir auf geteertem Untergrund und bald erblicken wir rechts unter uns die Rovana wieder. Wir überqueren sie und verlassen beim **Punkt 754** die Strasse, um links in den Wanderweg nach **Collinasco** einzubiegen. Das kleine Dorf ist fast verlassen, nur noch eine Handvoll Menschen leben hier. Das Val Rovana litt besonders stark unter der Auswanderungswelle des 19. Jahrhunderts und hat sich bis heute nicht mehr davon erholt.

Wir suchen uns wieder den Weg auf die Strasse und wandern weiter talauswärts. Obwohl wir auf der Strasse wandern, kommen uns selten Autos entgegen. In **Linescio** wartet eine besondere Sehenswürdigkeit auf uns: die **Terrassenäcker.** Trockenmauern stützen die kleinen Äcker, die vor allem für den **Roggen- und Kartoffelanbau** genutzt werden.

Unterwegs nach Cevio

Wir sammeln nochmals unsere Kräfte und machen uns an den Abstieg nach Cevio. Zuerst bleiben wir auf der Strasse, um dann nach **Ponte Asciunto** bei der **zweiten Haarnadelkurve** rechts in den Wanderweg einzubiegen, der nun immer wieder die Strasse streift, die sich in Serpentinen gegen das Tal schlängelt. Bald haben wir es geschafft und in **Rovana** halten wir uns links, um über **Cevio Piano** ins charmante **Cevio Vecchio** zu gelangen, das wir nicht verlassen, ohne eine kleine Dorfbesichtigung gemacht zu haben.

Standort Wanderwegweiser

Zum nächsten Zwischenziel

① Cerentino
② Linescio
③ Cevio

34

In alpiner Kulisse hoch über Fusio

Fusio–Vacarisc di Fuori–Corte dell'Ovi–Lago di Mognola–Canà–Corte del Sasso–Vacarisc di Fuori–Fusio 8,5 km, 4¼ Std.

Dicht an dicht reihen sich die Häuser von Fusio. Das Dorf liegt auf **1278 m ü. M.** und ist somit das **oberste Dorf** im **Val Lavizzara.** Der kompakte Dorfkern lädt zur Besichtigung ein. Uns fallen die **Schindeldächer** aus **Lärchen- oder Tannenholz** auf. Von Fusio aus lassen sich wunderbare Wanderungen zu den unterschiedlichsten Seen, Gipfeln und Pässen unternehmen. Über die Pässe sind denn wohl auch die **innerschweizerischen Bautraditionen** gekommen, die sich dann mit jenen des Tessins vermischt haben.

Wir verlassen das Dorf am nördlichen Ende, überqueren die Maggia und folgen etwa 100 Meter der Strasse. Bei einer kleinen Kapelle zweigt ein Wanderweg rechts **Richtung Lago del Sambuco** ab. Dieser **Stausee im Val Sambuco** wurde zwischen 1950 und 1956 angelegt.

Wir verlassen die Strasse bei der ersten scharfen Linkskurve und halten uns rechts gegen Vacarisc di Fuori. Nach ca. einer Dreiviertelstunde erspähen wir die Häusergruppe von **Vacarisc di Fuori.** Hier gehen wir rechts, wandern durch den Wald, überqueren den Ri di Vacarisc und wählen beim Maiensäss **Corte dell'Ovi** den linken Weg zum Lago di Mognola hinauf. Ziemlich steil steigt der Weg an und wird auf der **Corte Mognola** etwas sanfter.

Früher bestand die Alp aus zwei Teilen, wovon die Mauerresten zeugen. Heute sind die Alp Vacarisc und Mognola zusammengelegt. Das Vieh sömmert hier, ohne sich an den ehemaligen Grenzen zu stören.

Wir setzen unseren Weg durch lichte Lärchenstreifen fort. Unser Pfad hält sodann auf den schönen **Wasserfall des Ri di Mognola** zu und erreicht anschliessend den **Lago di Mognola.** Hier lassen wir uns nieder, kühlen unsere Füsse und rasten. Das Wasser kräuselt sich im Wind und munter wippt das Gras hin und her. Der Bergsee weist eine Oberfläche von ca. 50 000 m^2 auf und liegt in einer eiszeitlichen, gletschergeformten Mulde.

Schwierigkeitsgrad
Mittelschwere Wanderung.

Richtzeit
Wanderzeit 4¼ Std.

An- und Rückreise
Fusio ist mit dem Postauto über Locarno und Bignasco erreichbar.

Weitere Informationen
www.vallemaggia.ch
http://alpi-ticinesi.ch

Gaumenfreuden
Antica Osteria Dazio, Fusio (www.hats.ch)
Albergo Ristorante La Pineta, Fusio

Auf der Alp Corte Mognola

Am nördlichen Ufer wandern wir Richtung **Canà.** Wir steigen hoch auf den Rücken zu der kleinen Hütte von Corte della Sassina. Rechter Hand erhebt sich der Berg **Sassina** (2364 m ü. M.), entlang dessen Flanke wir weiterlaufen. Gleich dahinter £sehen wir den **Pizzo Cana** (2947 m ü. M.) mit seinem felsigen Gipfel. Sachte neigt sich der Pfad und wir erreichen eine Mulde, von wo der Weg bis zur **Alphütte Canà** wieder etwas ansteigt. Erst kürzlich wurde hier das **alte Steinaquädukt und die alten Steinwasserkanäle** wieder instand gesetzt, die nun heute wie einst das Wasser zu den Alpweiden von Corte di Mezzo führt. Wir überqueren den **Ri di Vacarisc** und ein schöner Weg führt uns talauswärts. Schon von Weitem erblicken wir das grosse Gebäude der **Corte del Sasso.** Von hier blicken wir zum **Lago del Sambuco** hinunter und in das gleichnamige Tal. Der Weg führt uns an der kleinen Alp **Corte di Mezzo** vorbei, um alsbald nach einer Kehre und auf recht steilem Weg wieder in den freundlichen Lärchenwald einzutauchen. Gerade im Herbst, wenn die Natur ihre Farben anpasst, ein wunderschöner Anblick.

Beim länglichen Alpgebäude der **Vacarisc di Fuori** treffen wir wieder auf unseren Aufstiegsweg, den wir ignorieren. Wir zweigen hinter dem letzten Gebäude links in den Pfad ein und wandern über Salina zurück nach Fusio hinuter. Unten im Dorf angelangt, genehmigen wir uns im Gasthof einen Cappuccino und fahren anschliessend mit dem Postauto zurück nach **Bignasco.**

Standort Wanderwegweiser

Zum nächsten Zwischenziel

❶ Lago Sambuco
❷ Lago Mognòla
❸ Canaa/Fusio

35

Ein Streifzug durchs einsame Val d'Isone

Isone – Cima di Dentro – Camarè – Medeglia 7,5 km, 2¾ Std.

Von Rivera-Bironico zwängt sich das Postauto durch die enge Strasse. Es geht vorbei an Drossa, einem Wasserfall, Medeglia und schon begrüsst uns **Isone,** unser heutiger Ausgangspunkt. Von der ursprünglichen **Kirche San Lorenzo** ist nur noch, neben ein paar Ruinen, der **romanische Campanile** übrig. Er stammte wohl aus dem 12. Jahrhundert. Die heutige Kirche wurde im 17. und 20. Jahrhundert umgebaut und erweitert. Die Einwohner des **Vedeggiotals** oder eben des **Val d'Isone** verdienten sich ihr Einkommen mit **Weidewirtschaft,** in geringem Masse mit **Holzhandel** und der **Emigration** (nach Argentinien und Kalifornien). 1973 liess sich das **Militär** (Schiess- und Waffenplatz mit Grenadierschule) in Isone nieder. Eine 1961 gegründete **Uhrenfabrik** bot weitere Arbeitsplätze, wandelte sich aber später in ein elektrotechnisches Unternehmen. Gegensätzlicher könnte also die Gegend kaum sein: hier ein typisches Dorf des Sottoceneri, da der Waffenplatz.

Von Isone folgen wir dem Wegweiser **Richtung Cima di Dentro** und spüren der einsamen Schönheit des Vedeggiotals nach. Nur leicht, dafür stetig geht es auf einem schönen **Saumpfad** aufwärts. Lichter Wald spendet ab und zu Schatten und das sonnengetränkte Holz versprüht einen angenehmen Geruch. Bald treffen wir auf eine Strassenkreuzung, wo wir die mittlere Strasse wählen. Nach ca. 500 Metern haben wir die **Cima di Dentro** erreicht. Tief unter uns fliesst der **Vedeggio** und wir geniessen die Aussicht über das **Sottoceneri.** Auf einem schönen **Höhenweg** setzen wir unsere Wanderung Richtung **Cima di Medeglia** fort. Wir folgen dem Wegweiser nach **Neveggio** und marschieren entlang des Waldrandes. Wo der Weg rechts nach Neveggio abzweigt, wandern wir weiter geradeaus über die schöne, mit Bäumen durchsetzte Alpwiese. Unsere Route ist gut markiert und es geht stetig geradeaus. Linker Hand erhebt sich der **Matro.** Wir wandern entlang seiner Nordflanke und halten weiter geradeaus. Ab und zu wird der Wald dichter, dann lichtet er sich wieder. Blumen, Schmetterlinge und Vögel begleiten uns, der All-

---

Schwierigkeitsgrad
Leichte Wanderung.

Richtzeit
Wanderzeit 2¾ Std.

An- und Rückreise
Mit der Bahn bis Rivera-Bironico und da aufs Postauto nach Isone umsteigen. Von Medeglia fährt das Postauto zurück zum Bahnhof Rivera-Bironico.

Weitere Informationen
http://lagodilugano.ticino.ch
www.ticino.ch

tagslärm ist weit weg und der Blick über die Magadinoebene ist wunderbar!

Beim **Wegweiser Nr. 4** zweigen wir **rechts** in den Wanderweg **Richtung Medeglia** ein. Wir suchen uns ein schönes Plätzchen für eine Rast. Die Hütten von **Camarè** bieten sich dafür an – hier können wir noch sicher sein, dass wir nicht in einem morastigen Flecken Gras landen. Rechts vom Wanderweg weiten sich die **Monti di Medeglia**. Es handelt sich um **Sumpfgebiete von nationaler Bedeutung. 1996** haben sie diese **Auszeichnung** erhalten und beheimaten eine beeindruckende Fauna und Flora. Gestärkt machen wir uns auf und folgen dem Wanderweg. Wir tun gut daran, den Pfad nicht zu verlassen, denn einen Wan-

Saumpfad nach Cima di Dentro

derschuh voller Sumpf können wir nicht gebrauchen. Beim **Punkt 962** gehen wir links und tauchen erneut in den Wald ein. Beinahe senkrecht wandern wir auf Medeglia zu. Ein-, zweimal durchstreifen wir kleine Lichtungen. Rechts von uns öffnet sich das kleine, schluchtartige **Val di Treccio.**

Abwechslungsreich geht es durch den kühlen Wald und plötzlich treten wir aus dem Wald hervor. Vor uns liegen **terrassierte Weinreben** und die Häuser von **Medeglia,** die sich eng am Steilhang zusammendrängen. Wir halten uns links und gelangen sogleich ins Dorf. Die **Kirche San Bartolomeo** birgt **Renaissancefresken** und wurde 1328 erstmals erwähnt. Nach einem kurzen Dorfrundgang fahren wir von **Medeglia** mit dem Postauto zurück nach **Rivera-Bironico.**

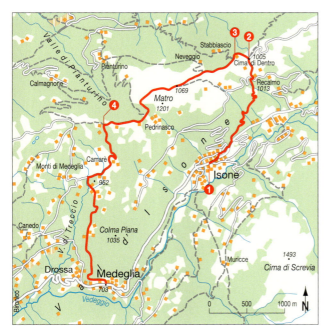

Standort Wanderwegweiser

Zum nächsten Zwischenziel

① Cima di Dentro
② Neveggio
③ Cima di Medeglia
④ Medeglia

Durchs hügelige Hinterland von Lugano

Tesserete – San Clemente – Carnago – Lago d'Origlio – Origlio – San Zeno – Lamone
9 km, 2¾ Std.

Am Eingang des **Val Colla,** dem **Kesselflickertal** im Hinterland von Lugano, liegt in beschaulicher Umgebung Tesserete. Einst politisches Zentrum der Valli di Lugano, ist Tesserete heute ein Luftkurort mit verblichenem Charme. Er weist aber trotzdem einige Highlights auf: Im Sommer findet hier ein Open-Air-Rockkonzert statt und im Winter ist der **Ambrosianische Karneval** ein Anziehungspunkt. Von Tesserete führt ein **Kreuzweg** über das kleine authentische Dorf Bigorio hoch zum **Convento Santa Maria di Bigorio,** das inmitten eines Kastanienwaldes liegt. Vom Klostergarten des **ältesten Kapuzinerklosters der Schweiz (1535** gegründet) geniesst man einen herrlichen Blick auf den Lago d'Origlio, den **Lago di Lugano** und das hügelige Hinterland von Lugano. Unweit von Tesserete liegt **Ponte Capriasca,** das mit einer wunderschönen Kopie des **«Abendmahls» von Leonardo da Vinci** aufwartet (besser erhalten als sein Original). Es soll um **1550** entstanden sein und kann in der **Kirche San Ambrogio** ohne grosses Schlangestehen bestaunt werden.

Wir machen uns auf, die Ufer des Lago d'Origlio sowie die Region Capriasca zu erforschen. In Tesserete folgen wir dem Wegweiser nach **San Clemente.** Unser Weg führt uns südwärts in einen Wald und über eine grosse Lichtung vorbei an der Häusern von **Campi di Altano.** Wir steigen den bewaldeten Hügel empor und erreichen auch schon die verwunschene **Kapelle San Clemente.** Sie ist dem **heiligen Klemens** gewidmet und ihre Erbauung geht auf das **8. Jahrhundert** zurück. Ein schöner Grill- und Rastplatz lädt zum Verweilen ein. Wir rasten kurz, denn eine ausgedehnte Rast wollen wir am Lago d'Origlio einlegen.

Im schattigen Wald setzen wir unseren Streifzug fort und stehen bald vor dem **mittelalterlichen Wehrturm Torre di Redde.** Er gehörte zur **Siedlung Redde,** die vermutlich im 16. Jahrhundert wegen der **Pest** aufgegeben wurde. Sachte senkt sich unser Weg dem Lago

Schwierigkeitsgrad
Leichte Wanderung.

Richtzeit
Wanderzeit 2¾ Std.

An- und Rückreise
Ab Lugano Stazione mit dem Postauto nach Tesserete. Von Lamone fährt ebenfalls das Postauto oder die Bahn zurück nach Lugano.

Weitere Informationen
http://lagodilugano.ticino.ch
www.ticino.ch

Gaumenfreuden
Ristorante Stazione, Tesserete (einfache Tessiner Hausmannskost, www.besomi-stazione.ch)
Ristoranti in Origlio und Lamone

d'Origlio zu. Wir wandern zuerst noch durch Wald und dann über Wiesen nach **Carnago**. Hier folgen wir ca. 50 Meter der Autostrasse nach links, um sogleich nach rechts in ein kleines Strässchen einzubiegen, das uns direkt an den **Lago d'Origlio** bringt. Der idyllische See steht unter Naturschutz. Fischen und Baden sind erlaubt, nicht aber Boot fahren oder das Stören der seltenen Wasservögel. Wir suchen uns eines der vielen lauschigen Plätzchen aus und packen unsere Leckereien aus dem Rucksack – und, wer mag, natürlich auch die Badehose!

Frisch gestärkt und mit nassen Haaren wandern wir **Origlio** zu. Das Dorf schmiegt sich an den Hang und lädt uns zu einer kurzen Dorfbesichtigung ein. Wir wandeln durch die schmalen Gassen und entlang der herrschaftlichen Bauten (viele stammen aus dem 15. Jahrhundert). Origlio blickt auf eine über 700-jährige Geschichte zurück. Beinahe ein wenig ehrfürchtig wandern wir weiter Richtung **San Zeno** (San Zenone). In malerischer Umgebung treffen wir auf die **Kapelle San Girogio**, die aus dem **17. Jahrhundert** stammt und eindeutige **lombardische Spuren** trägt. Wir machen uns durch den Laub- und Kastanienwald an den Aufstieg zum nächsten Gotteshaus, zum

Kapelle San Clemente

Oratorium San Zeno. Es geht auf das **ausgehende 15. Jahrhundert** zurück und wurde 1765 und 1827 erweitert. Die Räume neben der Kapelle dienten einst als **Einsiedlerklause** (854 erwähnt).

Nun geht es ziemlich steil durch den Wald und die Rebberge hinunter nach **Lamone**. Noch einmal streifen wir durch enge Gassen, malerische Passagen, über schöne Plätze und bestaunen die Tessiner Landhäuser und Palazzi.

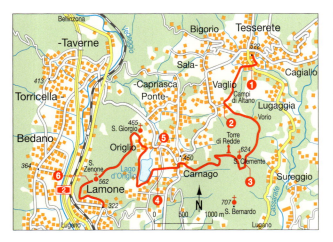

Standort Wanderwegweiser

Zum nächsten Zwischenziel

1. S. Clemente
2. Matro Rotondo
3. L. Origlio
4. Origlio
5. San Zeno
6. Lamone

37

Denti della Vecchia – bizzare Felsen und fantastische Ausblicke

Cimadera–Capanna Pairolo–Alpe Bolla–Brè 13 km, 4½ Std.

Am Ende des einstigen Kesselflickertals **Val Colla** liegt das kleine Örtchen **Cimadera**, wo wir unsere Wanderung zu den Felstürmen der **Denti della Vecchia** beginnen. Bei der Postautohaltestelle blicken wir übers Val Colla und lenken dann unseren Blick zum Wegweiser, der uns die Richtung zur **Capanna Pairolo** weist. Durch die gedrungenen Häuser und über viele Stufen verlassen wir Cimadera.

Der Weg steigt an und durch den Buchenwald gewinnen wir schnell an Höhe. Wir überwinden die 250 Höhenmeter und lassen uns bei der **Alpe Pairolo** für eine kurze Pause nieder. Die Hütte ist im Sommer bewartet. Wir geniessen den weiten Blick Richtung Norden und lassen die Augen über die Hügel und Berge schweifen. Das **Monte Rosa-Massiv** und die **Gipfel der Walliser Alpen** inklusive Matterhorn blitzen vor allem bei Nordföhn besonders klar am Horizont.

Es zieht uns weiter zu den zackigen Felsen der **Denti della Vecchia**. Schon bald entdecken wir die bizzaren Felstürme, die aus dem Wald hervorlugen. Am höchsten streckt sich der **Sasso Grande** (1491 m ü. M.) gegen den Himmel. Kein Zweifel, die Felsformation gleicht Zahnstummeln und macht ihrem Namen («Zähne der Alten») alle Ehre. Wir schlängeln uns auf dem Grenzpfad, einmal in der Schweiz, einmal in Italien. Beim Passo Streccione treffen wir auf einen mit 7 M beschrifteten Grenzstein und halten uns Richtung **Alpe Bolla**. Wir entdecken die Denti della Vecchia auf der nördlichen Route. Trittsicherheit ist auf jeden Fall empfohlen, der Streckenabschnitt ist aber gut zu begehen. Die Felsen der Denti locken jährlich viele Kletterbegeisterte an. Gespannt schauen wir ihnen zu, wie sie flink und scheinbar mühelos den Felsen emporklettern. Doch nicht nur in luftiger Höhe, sondern auch nahe

Schwierigkeitsgrad
Anspruchsvolle Wanderung.
Trittsicherheit erforderlich.

Richtzeit
Wanderzeit 4½ Std.

An- und Rückreise
Ab Lugano mit dem Postauto nach Tesserete, umsteigen aufs Postauto nach Cimadera. Bitte Fahrplan beachten. Ab Brè geht es mit dem Bus zurück nach Lugano.

Weitere Informationen
www.lugano-tourism.ch
www.ticino.ch
www.capanneti.ch

Gaumenfreuden
Capanna Pairolo
(www.capanneti.ch)
Grotto Alpe Bolla
Osteri Monti, Brè
(www.monte-bre.ch)
Albergo Brè Paese
(www.monte-bre.ch)

Denti della Vecchia – skurrile Steinsformationen

täten können wir in wohltuender Ruhe geniessen. Am Brunnen füllen wir unsere Flaschen mit herrlich kaltem Wasser und wandern weiter **Richtung Brè**. Auf dem Höhenweg geht es gemütlich bergab. Linker Hand erhebt sich der **Monte Boglia** (1516 m ü. M.). Beim Brunnen in **Carbonera** wählen wir den linken Pfad nach Brè. In weiten Serpentinen führt uns der Weg ins Dorf hinab. Vor uns liegen die Dächer von Brè und der dunkelblaue Luganersee. In **Brè** angekommen fahren wir mit dem Bus zurück nach Lugano.

unserer Füsse entdecken wir Sehenswertes. Die Gegend der Denti della Vecchia ist das Zuhause einer **seltenen Flora**: Die bewimperten Alpenrosen – die Alpenrosen der Kalkböden, die Christrose in den Wintermonaten, das Flühblümchen, der Schildblättrige Hahnenfuss und viele mehr lassen nicht nur Botanikerherzen höher schlagen.

Wir lassen die Denti della Vecchia hinter uns und steigen durch den Laubwald und über Wiesen zur **Alpe Bolla** hinab. Hier lädt das **Grotto Alpe Bolla** zur Rast. Typische Tessiner Speziali-

Standort
Wanderwegweiser

Zum nächsten Zwischenziel

❶ Capanna Pairolo
❷ Denti della Vecchia
❸ Alpe Bolla
❹ Brè

Aussichtsreicher Monte Brè und idyllischer Uferweg

Monte Brè – Gandria – Castagnola 6,5 km, 2¼ Std.

In Cassarate besteigen wir die Standseilbahn hoch auf den **Monte Brè** (825 m ü. M.), den Hausberg Luganos. Oben angekommen geniessen wir einen fantastischen Blick auf die **Luganer Bucht**, den **San Salvatore**, die Augen schweifen über den **Monte Rosa** bis zu den **Berner und Walliser Alpen** und weit am Horizont erahnen wir die **Po-Ebene**. Unter den imposanten Kiefern auf der Sonnenterrasse des Ristorante Osteria Funicolare geniessen wir diese herrliche Aussicht.

Vor uns liegt eine wunderschöne Wanderung, die bereits im intakten Dörfchen Brè mit Sehenswürdigkeiten aufwartet. So wandern wir vom Gipfel Richtung **Brè**. Auf einem gemütlichen Weg erreichen wir nach einer halben Stunde das beeindruckende Dorf. Brè hat sich nicht nur seinen **authentischen Charakter** bewahrt, sondern sich zu einem **wahren Künstlerdorf** gemausert. Fassaden und Hausmauern wurden künstlerisch ausgestaltet und auf dem **«Künstlerweg»** lernen wir Söhne beziehungsweise Ziehsöhne Brès kennen. **Pasquale Gilardi, Lelèn** genannt, **Luigi Taddei, Wilhelm Schmid** und **Josef Birò** lebten und arbeiteten in Brè. Ihnen und ihren Werken ist dieser Weg gewidmet, der vor der ebenfalls sehr sehenswerten Kirche mit dem originellen Campanile beginnt.

Nachdem wir Dorf und Kunstwerke bestaunt haben, setzen wir unsere Wanderung Richtung **Gandria** fort. Unser Weg führt uns zuerst beinahe geradeaus hinunter, um dann in einer weiten Kehre etwas sanfter zu verlaufen. Wir marschieren durch schöne Buchen-, Eichen-, Birken- und Kastanienwälder und geniessen die für das **Sottoceneri typische Flora**, die sich das gemässigte Klima zu Eigen gemacht hat. Bald geht unser Pfad in einen Zickzackweg über und wir treffen auf eine Verzweigung, wo wir uns links halten. Bei der nächsten Abzweigung gehen wir rechts. Würden wir geradeaus

Schwierigkeitsgrad
Leichte Wanderung.

Richtzeit
Wanderzeit 2¼ Std.

An- und Rückreise
Im Stadtzentrum von Lugano steigt man in den TPL-Bus Nr. 1 ein und fährt bis zur Haltestelle Cassarate-Monte Brè. Mit der Seilbahn geht es hinauf auf den Monte Brè (im Januar geschlossen, Revisionsarbeiten). Von Castagnola fährt der TPL-Bus Nr. 1 zurück nach Lugano.

Weitere Informationen
www.montebre.ch
www.lugano-tourism.ch

Gaumenfreuden
Ristorante Osteria Funicolare, Monte Brè
Brè Paese, Brè Antico, Gandria

weitergehen, träfen wir auf die kleine **Kapelle La Madonna.** Langsam nähern wir uns **Gandria,** einem Dorf, das man einfach lieben muss. Wir überqueren die Strasse und tauchen ein in längst vergessene Zeiten. Die engen Treppengassen, die mit Fresken verzierten Häuser sowie die Schindeldächer beweisen es, das **einstige Fischerdorf** hat sich zweifelsohne seine Ursprünglichkeit erhalten! Von den Balkonen der typischen Tessinerhäuser geniesst man einen herrlichen Blick auf den dunkelblauen **Luganersee** und auf **Cantine di Gandria** am gegenüberliegenden Ufer, wo sich das **Zollmuseum** (auch **Schmugglermuseum** genannt und erreichbar per Schiff) befindet. Wer Zeit und Hunger hat, sollte sich in Gandria unbedingt bewirten lassen, denn einen solch schönen Platz über dem Luganersee findet man nicht so schnell wieder!
Gestärkt wandern wir **Castagnola** zu. Wir streifen wunderschöne Gärten und herrschaftliche Villen. Zypressen stehen stolz am Ufer und schaukeln sachte

Eine Piazzetta in Gandria

hin und her. Es geht vorbei an den Häusern von **Trivelli** und am Grotto Elvezia. Auf dem Teersträsschen wandern wir in dieser beschaulichen Kulisse weiter. **Castagnola** gilt als Nobelvorort von Lugano und wir staunen nicht schlecht über die überwältigenden Anwesen. Nach der pompösen **Villa Favorita** treffen wir auf die Bushaltestelle, wo wir den Bus zurück nach Lugano nehmen.

Tipp:
Wer mag, kann in **San Domenico** dem Wegweiser «**Sentiero dell'Olivo**» folgen. Am Südhang des Monte Brè wachsen seit Jahrhunderten Olivenbäume. Auf dem Olivenweg entdecken wir alte und junge Olivenbäume sowie Lorbeerbäume und Informationstafeln vermitteln viel Wissenswertes. Am Ende des Olivenweges treffen wir dann auf eine Haltestelle, wo wir in den Bus Richtung Lugano zusteigen können.

Standort Wanderwegweiser

Zum nächsten Zwischenziel

❶ Gandria
❷ Castagnola

Auf der «La Traversata» von Gipfel zu Gipfel

Alpe Foppa – Cap. Tamaro – Monte Tamaro – Bassa di Indemini – Bassa di Montoia – Monte Pola – Monte Magno – Monte Lema 12,5 km, 4¾ Std.

Die Höhenwanderung **«La Traversata»** erstreckt sich zwischen dem schweizerischen **Malcantone** und der italienischen **Veddasca** – ein Grenzschlängeln mit grandiosen Aussichten erwartet uns und je nach Lust und Laune können bis zu zehn Gipfel auf dieser Tour erklommen werden!

Wir starten mit unserer Wanderung kräftesparend und besteigen in Rivera die Seilbahn hoch zur **Alpe Foppa** (1530 m ü. M.). Langsam segeln wir in die Höhe und geniessen einen herrlichen Blick über die Magadinoebene. Die **Chiesa di Santa Maria degli Angeli** des Stararchitekten **Mario Botta** heisst uns auf der Alpe Foppa willkommen. Allein ihretwegen rechtfertigt sich ein Ausflug hoch zum **Monte Tamaro**. Von 1992 bis 1996 wurde die **sehenswerte** und **unkonventionelle** Kirche errichtet. Eine 65 Meter lange Rampe führt uns auf die **Aussichtsterrasse:** Die ganze **Magadinoebene** bis zum Talanfang des **Misox** breitet sich vor uns aus. Unser Blick wandert weiter nach **Lugano** und seinen Tälern sowie zu den Alpengipfeln.

Auf der Alpe Foppa tummeln sich im Erlebnispark und der Rodelbahn Abenteuerlustige. Langsam entfernen wir uns von diesem Rummel und steigen dem **Monte Tamaro** zu. Unser Weg mit Ziel **Monte Lema** ist gut ausgeschildert. Nach kurzem, aber steilem Aufstieg erreichen wir bald die **Capanna Tamaro**. Gestärkt setzen wir unseren Weg fort. Bald zweigt beim **Punkt 1842** ein Weg links Richtung Monte Lema ab. Wer sich die Schweisstropfen und den Gipfel sparen möchte, wählt diese Variante, wir aber halten uns rechts und nehmen den Aufstieg zum **Monte Tamaro** (1962 m ü. M.) in Angriff. Die Mühen lohnen sich, denn die Aussicht zu den Walliser Alpen bis hin zu den Bergamasker Gipfeln sowie das erhabene Gefühl sind **phänomenal!**

Schwierigkeitsgrad
Mittelschwere Wanderung. Sonnenschutz und gutes Schuhwerk sind von Vorteil.

Richtzeit
Wanderzeit 4¾ Std.

An- und Rückreise
Mit der Bahn ab Bellinzona oder Lugano bis Rivera-Bironico, zu Fuss zur Seilbahn Monte Tamaro in Miglieglia Rivera (Betriebszeiten Anfang April – Ende Oktober). Ab Monte Lema mit der Seilbahn nach Miglieglia und dem Shuttle-Bus (Juni – Oktober, bitte Fahrplan beachten) nach Rivera zurück.

Weitere Informationen
www.montetamaro.ch
www.montelema.ch

Gaumenfreuden
Ristorante Alpe Foppa
Capanna Tamaro, Monte Tamaro
Ristorante Ostello Vetta,
Monte Lema

Cap. Tamaro mit dem Monte Rosa-Massiv im Hintergrund

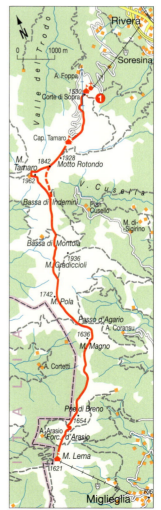

Beschwingt machen wir uns an den Abstieg und treffen bei der **Bassa di Indemini** auf den Weg der Abkürzung. In stetem Auf und Ab wandern wir über die grünen und sonnigen Hänge des Tessins. Immer wieder eröffnen sich uns **fantastische Panoramen** in alle Himmelsrichtungen. Wir wandern vorbei an der **Bassa di Montoia,** queren liebliche Alpwiesen. Linker Hand erhebt sich der **Monte Gradiccioli** (1936 m ü. M.). Wer möchte könnte auch diesen Gipfel bezwingen. Wir aber halten uns weiter auf der Krete und geniessen dabei eine Aussicht auf den steinbedeckten Hang des Monte Gradiccioli. Sachte senkt sich der Weg und wir besteigen einen weiteren Berg, den **Monte Pola** (1742 m ü. M.). Hier wählen wir den linken Wanderweg und treffen bald auf den **Passo d'Agario**. Rechter Hand blicken wir nach **Italien** hinein und linker Hand über den **Malcantone.**

Der **Monte Magno** (1636 m ü. M.) erhebt sich rechts von uns und versperrt uns kurz die Sicht nach Italien. Es geht am kleinen Bruder, dem **Monte Magino,** vorbei und bei der Weggabelung halten wir uns rechts. Der **Pne di Breno** (1654 m ü. M.) türmt sich rechts vor uns. Wir queren seine Flanke und gelangen in die Senke **Forcola d'Arasio.**

Die Sonne steht hoch über uns und wir sind froh über die Getränke im Rucksack und den Sonnenschutz auf dem Kopf. Wir folgen der weiss-rot-weissen Markierung und gelangen bald zum **Monte Lema.** Noch einmal einen kleinen, aber steilen Anstieg und wir haben es geschafft – wir stehen auf **1550 m ü. M.!** Bis wir mit der Seilbahn nach **Miglieglia** und von da weiter mit dem Shuttle-Bus nach Rivera zurückfahren, rasten wir in dieser herrlichen Umgebung auf der Sonnenterrasse des Restaurants und lassen **«La Traversata»** würdig ausklingen.

Standort Wanderwegweiser

Zum nächsten Zwischenziel

❶ Monte Lema

Auf dem «Sentiero del Castagno» durch den Malcantone

Arosio – Mugena – Vezio – Fescoggia – Breno – Miglieglia 10 km, 3 Std.

Das Wortspiel vom italienischen «**maglio**», **Hammer**, und «cantone» erinnert an die Zeiten, als im Gebiet des **Malcantone** noch **Erz, Bleiglanz und kleine Mengen Gold** abgebaut wurden. Heute besticht der Malcantone, der sich zwischen dem Lago di Lugano und dem Lago Maggiore erstreckt, durch sein **mildes Klima**, seine **üppige Vegetation** und natürlich durch einen der schönsten Aussichtsgipfel im Tessin, den **Monte Lema**. **Arosio**, Ausgangspunkt unserer Wanderung, ist das **höchstgelegene Dorf** im Malcantone. Wir wandern von der Postautostation **Richtung Mugena** hoch zur Kirche. Von hier blicken wir über den oberen Malcantone bis zum Val Colla und die Caroggio-Ebene. Die schwere Kirchentüre ist aus **Kastanienholz** gefertigt und erinnert uns daran, dass wir ein grosses Stück unserer Wanderung auf dem «**Sentiero del Castagno**» (Kastanienweg) zu-

rücklegen werden. Wir verlassen das Dorf und wandern Richtung **Mugena**.

Der Hangweg führt uns durch einen **Kastanienhain** und bringt uns beim Friedhof auf die Strasse, der wir durchs Dorf folgen. In der Dorfmitte von **Mugena** streifen wir links die Kirche, in deren Kuppel sich **dekorative Stuck-Engel von Insermini** aus dem **18. Jahrhundert** befinden. Das intakte Mugena lassen wir hinter uns und zweigen in der Kurve rechts in den Wanderweg ein. Bald darauf treffen wir auf einen Wegweiser, der uns die Richtung nach **Vezio** weist. Nun geht es in abwechslungsreichem Auf und Ab durch die Kastanienwälder. Wir folgen dem Lauf der **Magliasina** und überqueren diesen bei einem künstlichen Weiher. In langen Kehren wandern wir weiter **Vezio/Fescoggia** zu. Auf der Anhöhe blicken wir steil ins **Val Firinescio** hinab. Wir ignorieren diesen Pfad und halten uns wei-

ter talauswärts. Im Herbst treffen wir hier auf zahlreiche Einheimische, die am Kastanienlesen sind. Wir streifen einen **Köhlerplatz**, wo gezeigt wird, wie früher aus Kastanienholz Holzkohle gemacht wurde. In einer Spitz-

Schwierigkeitsgrad
Leichte Wanderung.

Richtzeit
Wanderzeit 3 Std.

An- und Rückreise
Arosio bassa ist ab Lamone mit dem Postauto erreichbar. Ab Miglieglia fährt das Postauto zurück nach Lamone oder über Novaggio Posta nach Maglias (bitte Fahrplan beachten).

Weitere Informationen
www.malcantone.ch
www.ticino.ch

Gaumenfreuden
Grotto Sgambade, Arosio
Osteria in ca' de Betty & Lüis, Breno
Ristorante Negresco, Miglieglia

kehre folgen wir dem Wegweiser nach **Vezio** und durchstreifen das authentische Dörfchen. Besonders die **Kirche San Bartolomeo** mit seinen Vorhallen, dem angebauten Waschhaus sowie den Friedhofssäulen bildet ein **malerisches Ensemble.** Am Dorfausgang zeigt uns der Wegweiser die Richtung nach **Fescoggia/Breno.** So folgen wir der Fahrstrasse bis nach Fescoggia. In der Spitzkehre (Punkt 768) zeigt der Wegweiser hoch nach Fescoggia, dessen Dächer uns bereits entgegenblitzen. Immer noch auf der Strasse wandern wir an den Dorfrand, streifen aber die kleine intakte Ortschaft nur und setzen unseren Weg nach **Breno** auf der Fahrstrasse fort. Bald treffen wir auf eine Strasse, die von links auf unsere einmündet, wir ignorieren diese. Bei der nächsten Abzweigung hilft uns der nächste Wegweiser weiter und wir halten nach **Miglieglia** zu und durchstreifen dabei **Breno,** das auf einer Terrasse des Monte Lema liegt. Dicht drängen sich die **Tessiner Häuser ringförmig** aneinander. Schützend thront die **Kirche San Lorenzo** über den Häusern, deren Wände zum Teil mit **satirischen Malereien und Sprüchen** verziert sind.

Nach Breno folgen wir ca. 500 Meter der Strasse und zweigen dann **rechts in den Naturpfad** ein, der uns nach **Miglieglia** bringt. In Stufen gruppieren sich die Häuser unterhalb der **barocken Kirche Santo Stefano al Colle,** die mit ihren ländlichen **Fresken im Chor (1511)** zu den **wichtigsten Baudenkmälern der Südschweiz** gehört. Wir geniessen nochmals die Ruhe und Aussicht, bevor wir uns im gut besetzten Postauto auf den Rückweg nach Lugano machen.

Der Kirchturm von Breno

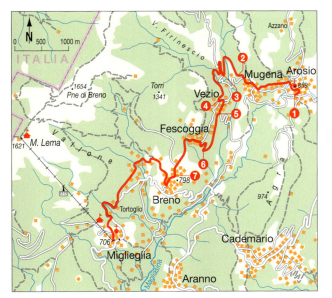

Standort Wanderwegweiser

Zum nächsten Zwischenziel

① Mugena
② Vezio
③ Vezio/Fescoggia
④ Vezio
⑤ Fescoggia/Breno
⑥ Fescoggia
⑦ Miglieglia

41

Entlang der Grenze – von Ponte Tresa nach Fornasette

Ponte Tresa – Madonna del Piano – Molinazzo – Ponte-Cremenaga – Crocivaglio – Fornasette 8 km, 2¼ Std.

Mit der **Schmalspurbahn** tuckern wir von Lugano los Richtung Ponte Tresa. Eine kurzweilige Fahrt durch den **Malcantone** verstärkt unsere Vorfreude auf dieses von uns bis jetzt unentdeckte Stückchen Tessin. **Ponte Tresa** liegt an der schweizerisch-italienischen Grenze am Luganersee. Jeweils am Samstag ist buntes Treiben angesagt, denn auf der **Piazza Mercato** auf der italienischen Seite (!) von Ponte Tresa wird allerlei feil geboten. Von Frischkäse über heimischen Fisch zu Lederwaren und Besteck – hier lacht das Shoppingherz, solange die Zollvorschriften beachtet werden.
Der Grenzübergang nach Italien wurde früher rege genutzt. Die **Heere des Heiligen Römischen Reiches, die Eidgenossen** oder **General Suworow** zogen hier mit Heerscharen von Söldnern gegen Norden bzw. Süden. Mit dem Bau des Damms von Melide verlor aber Ponte Tresa an Bedeutung. Leider büsste auch die Wirtschaft ein: Früher war die Gegend um Ponte Tresa bekannt für **Tabak- und Hanfverarbeitung** sowie die **Maulbeerbaumzucht,** heute gibt es kaum noch Zeugnisse davon.
Bevor wir uns auf unsere Grenzwanderung begeben, streifen wir noch ein wenig durch Ponte Tresa und entdecken die charmanten Seiten des Grenzdorfes: malerische Lauben, die **Pfarrkirche San Bernardino (15. Jahrhundert)** mit **schönen Fresken** und die verträumten Gassen. Die **Tresa,** Namensgeberin von Ponte Tresa, verlässt hier den **Luganersee** und mündet ca. 15 Kilometer später in den **Lago Maggiore.** Wir folgen ihr Richtung **Fornasette.** Entlang des rechten Ufers wandern wir durch die schöne Auenlandschaft. Um die Tresa ranken sich viele **Schmugglergeschichten** aus vergangenen sowie aus heutigen Zeiten.

Kurz vor **Madonna del Piano** gelangen wir für ca. 700 Meter auf die Strasse und halten dann wieder links in den kleinen Wanderweg, der uns zurück ans Ufer

Schwierigkeitsgrad
Leichte Wanderung.

Richtzeit
Wanderzeit 2¼ Std.

An- und Rückreise
Ab Lugano FLP mit der Schmalspurbahn nach Ponte Tresa oder ab Lugano mit dem Schiff nach Ponte Tresa (bitte Fahrplan beachten: www.lakelugano.ch). Ab Fornasette, Dogana Svizzera mit dem Postauto (bitte Fahrplan beachten) zurück nach Ponte Tresa und da umsteigen auf die Bahn nach Lugano FLP.

Weitere Informationen
http://lagodilugano.ticino.ch
www.ticino.ch

Gaumenfreuden
Ristoranti in Ponte Tresa
Osteria Andina, Madonna del Piano

86

Farbenfrohe Piazza in Ponte Tresa

ein Fahrsträsschen, das uns zur grossen Strasse nach Fornasette geleitet. Hier halten wir uns rechts und erblicken bald die Dächer des kleinen Grenzweilers **Fornasette.** Gleich neben dem Zoll gibt es eine kleine, einfache Bar, die uns das Warten auf das Postauto verkürzt. Es empfiehlt sich sehr, den Postautofahrplan vorgängig zu studieren, um längere Wartezeiten zu vermeiden. Interessant ist das bunte Treiben, das sich hier in Richtung **Luino** verdichtet. Mit dem Postauto fahren wir anschliessend zurück nach **Ponte Tresa,** wo wir per Bahn oder **Schiff** den Rückweg nach Lugano antreten.

der Tresa bringt. Rechter Hand erblicken wir die Häuser von Madonna del Piano und weiter geht es über Felder, durch Flussauen, vorbei an Industriegebäuden und am Campingplatz. Wo die Tresa eine enge Kurve macht, gelangen wir wieder auf die Strasse, der wir bis nach **Ponte Cremenaga** folgen. 100 Meter vor dem Zoll folgen wir rechts dem Wegweiser **Richtung Municipio di Monteggio.** Das Strässchen steigt ein wenig an und mündet später in einen schönen Wanderweg, der entlang des Südhangs **Richtung Rovedera** weiterverläuft. Wir geniessen den Blick auf die Tresa und rechts neben uns tanken Reben Sonne.
Kurze Zeit später treffen wir auf

Standort Wanderwegweiser

Zum nächsten Zwischenziel

① Fornasette
② Municipio di Monteggio
③ Rovedera
④ Fornasette

Auf den Spuren Hermann Hesses auf dem Collina d'Oro

Montagnola – Agra – Bigogno – Montagnola 5 km, 1¾ Std.

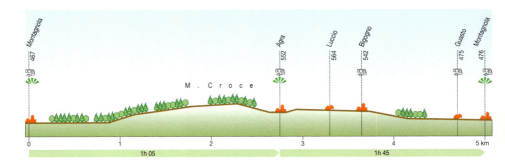

Wir verlassen Lugano mit dem Postauto und befinden uns bereits eine gute Viertelstunde später im verschlafenen und idyllischen **Montagnola** inmitten von Rebbergen und Kastanien. **1919** fand hier der **Schriftsteller Hermann Hesse** ein neues Zuhause, nachdem der Erste Weltkrieg fast vollständig sein Leben zerrüttet hatte. 43 Jahre weilte er in dieser beschaulichen Kulisse und verfasste Werke wie «**Der Steppenwolf**», «**Siddartha**» und «**Das Glasperlenspiel**». Und auf Hesses Spuren wandeln wir denn auch auf unserem Dorfrundgang. Bröckelnd, aber nicht minder beeindruckend ist Montagnolas Charme in einmaliger Aussichtslage. In der **Casa Camuzzi**, einer schlossähnlichen Herrschaftsvilla aus dem **17. Jahrhundert**, bewohnte Hesse von 1919 bis 1931 eine Vierzimmerwohnung und bewirtete dort seine Künstlerfreunde. 1931 zog er dann mit seiner dritten Frau **Ninon Hesse (geb. Dolbin)** in die **Casa Rossa** am Rand von Montagnola. Im Zentrum von Montagnola treffen wir auf das **Hesse-Denkmal** – ohne Zweifel, die Inschrift beweist es, Hesses Liebe gehörte neben Ninon auch Montagnola! Gleich neben der Casa Camuzzi im **Torre Camuzzi** befindet sich das **Museo Hesse,** wo wir uns auf eine konzentrierte Spurensuche begeben können.

Eine Rundwanderung über den **Collina d'Oro,** den **goldenen Hügel,** erwartet uns, dessen Anziehungskraft auch auf andere Künstler wirkte: Thomas Mann und Bertolt Brecht fanden ebenso den Weg auf den Collina wie weitere Intellektuelle, die mit der Gegend verbunden waren.

Wir folgen einem Strässchen Richtung **Agra**. Langsam gewinnen wir an Höhe und erreichen bald eine Hochebene, wo uns ein **Roccolo,** ein **ehemaliger Vogelfangturm,** ins Auge sticht.

Wir umrunden den kleinen **Monte Croce** und treffen auf dessen Südseite auf das Dörf-

Schwierigkeitsgrad
Leichte Wanderung.

Richtzeit
Wanderzeit 1¾ Std.
(Hermann Hesse-Weg dauert ca. eine halbe Stunde).

An- und Rückreise
Mit dem Postauto ab Lugano Stazione Via Sorengo hinter dem Bahnhof SBB nach Montagnola. Von Montagnola bzw. Gentilino fährt das Postauto zurück nach Lugano.

Weitere Informationen
www.hessemontagnola.ch
http://lagolugano.ticino-tourism.ch
www.ticino.ch

Gaumenfreuden
Grotto Circolo Sociale, Montagnola
(www.grottocircolosociale.ch)
Grotto Posmonte, Agra
Grotto Flora, Bigogno
(www.grottoflora-bnb.ch)

chen **Agra**. Es ist nach Locarno der sonnenreichste Ort des Kantons Tessin. Von der **Kirche San Toma** geniessen wir einen herrlichen Blick auf den Luganersee. Agra war einst ein bekannter Luftkurort, dessen vorzügliche Lage sowie die gute Luft prominente Kurgäste, wie etwa **Erich Kästner,** anzogen. Das Sanatorium öffnete 1912 seine Tore, schloss sie aber 1969 wieder. Der ehemalige Kurkomplex wird heute als Ferienzentrum genutzt. In Agra lohnt es sich eine Rast in einem der Grotti einzulegen, denn die Aussicht auf den See ist einzigartig!

Wir setzen unsere Wanderung Richtung **Montagnola** fort. Wir marschieren entlang der Strasse, streifen links den Friedhof und sehen bald die Häuser von **Bigogno.** Wir durchqueren die Ortschaft und zweigen ca. 250 Meter nach der kleinen Kapelle rechts in einen Naturpfad ein. Über den Weiler Guasto wandern wir immer leicht abwärts nach **Montagnola.** Wo wir entweder mit dem Postauto zurück nach Lugano fahren oder aber noch einen kurzen Spaziergang nach **Gentilino** auf dem **Hermann Hesse-Weg** unternehmen (vgl. Tipp).

Kleinod Montagnola

Tipp:
Von **Montagnola** nach **Gentilino** führt der **Hermann Hesse-Weg** an verschiedenen Lebensstationen des Schriftstellers und Malers Hermann Hesse vorbei.

Standort Wanderwegweiser

Zum nächsten Zwischenziel

❶ Agra
❷ Montagnola

43

Vom Hausberg Luganos übers Künstlerdorf Carona nach Morcote

San Salvatore – Ciona – Carona – San Grato – Alpe Vicania – Vico Morcote – Morcote
10 km, 3½ Std.

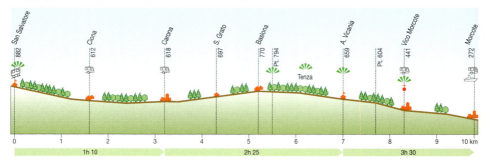

Mit der Drahtseilbahn erklimmen wir den **Monte San Salvatore** (882 m ü. M.). Von der Bergstation nehmen wir die 30 Höhenmeter, die uns noch bis zum Gipfel fehlen, hurtig in Angriff. Die herrliche Aussicht auf **das Luganese** und **das Mendrisiotto** entschädigt uns für die kurze Anstrengung.

Beim Bergrestaurant folgen wir dem Wegweiser **Richtung Carona**. Bald erreichen wir das kleine Dörfchen **Ciona,** wo wir beim Grotto Marianna die Strasse überqueren und weiter dem Wanderweg folgen. Wir überwinden kaum Höhenunterschiede und erreichen beim sehr empfehlenswerten **Grotto Pan Perdü** das **Künstlerdorf Carona.** Eigentlich sollten wir uns links zum Parco San Grato halten, doch wir entscheiden uns für einen kurzen Abstecher ins betörend schöne Carona.

Wir kehren zurück zur Abzweigung und wandern dem **Parco San Grato** entgegen. Es geht am Friedhof und am **Piscina Centro Sportivo** vorbei. Wir folgen der Strasse, die nach Vico Morcote führt, und biegen **rechts** in den kleinen Pfad zum **Parco San Grato,** dem Paradies für Naturliebhaber. Der botanische Garten erstreckt sich auf insgesamt **62 000 m²**. Verschiedene Themenwege erklären dem Besucher die eindrückliche Flora, die sich über eine Vielzahl von **Azaleen, Rhododendren und Koniferen der «Regione Insubrica»** erstreckt. Wer im April und Mai wandert, sollte sich beim Parco San Grato kurz vergewissern, dass die Rhododendren bereits in Blüte stehen.

Als nächstes Zwischenziel peilen wir die **Alpe Vicania** an. Wir halten uns entlang des Waldrandes, tauchen in den Kastanienwald ein und passieren bald die Villensiedlung **Baslona**. Nach den Villen halten wir uns kurz rechts und geniessen beim Punkt 794 einen **herrlichen Blick über den Lago di Lugano.** Wir wandern weiter über das Gebiet der Tenza und durch Kastanien-

Schwierigkeitsgrad
Mittelschwere Wanderung.

Richtzeit
Wanderzeit 3½ Std.

An- und Rückreise
Von Lugano Paradiso fährt die Drahtseilbahn hoch zum San Salvatore. Von Morcote gelangen wir entweder per Postauto oder aber per Schiff zurück nach Lugano (bitte Fahrplan www.lakelugano.ch beachten).

Weitere Informationen
http://lagolugano.ticino.ch
www.montesansalvatore.ch
www.promorcote.ch

Gaumenfreuden
Ristorante Vetta, San Salvatore (www.montesansalvatore.ch)
Grotto Marianna, Ciona
Grotto Pan Perdü, Carona
Ristorante Alpe Vicania (www.alpe-vicania.ch)

wald. Wir erreichen die Weiden der Alpe Vicania und ein kleiner Hunger macht sich bemerkbar. Wir lassen uns nieder und geniessen die herrlichen Speisen.

Gestärkt nehmen wir unsere letzte Etappe in Angriff. In einer weiten Kehre wandern wir auf einer Kiesstrasse von der Alpe Vicania dem ehemaligen Fischerdorf **Morcote** zu. Der Abstieg führt durch einen Kastanienwald. Bald zweigt rechts der Wanderweg nach **Morcote** ab. Über mehr als **1200 Treppenstufen** geht es bergab. Die ersten Häuser künden **Vico Morcote** an.

Morcote – pittoreske Uferpromenade

Wir wandern geradeaus der Strasse entlang und halten uns bald links an den **Treppenweg** hinunter nach **Morcote**.
In einer weiten Kehre gelangen wir zur **Pfarrkirche Santa Maria del Sasso von Morcote**, die wahrscheinlich aus dem **13. Jahrhundert** stammt. An vorzüglicher Lage überblickt sie nicht nur Morcote, sondern einen weiten Teil des Luganersees. Im Innern finden sich beeindruckende Fresken unter anderem von **Giovanni Battista Tarilli**. Bei der Kirche führen zwei Wege ins Dorfzentrum hinunter. Der gemächlichere senkt sich unterhalb des Friedhofs **Morcote** zu, der etwas anstrengendere ist die **Scala monumentale**. Auf **404 Stufen** geht es in Windeseile an den Luganersee hinunter. Palmen, historische Gebäude warten darauf, von uns in Morcote entdeckt zu werden. Wir schlendern durch das ehemalige Fischerdörfchen und kehren anschliessend mit dem **Schiff** zurück nach Lugano.

Standort Wanderwegweiser

Zum nächsten Zwischenziel

❶ Carona
❷ San Grato
❸ Alpe Vicania
❹ Morcote

91

44

Hoch auf den Aussichtsberg, den Monte Generoso, im Mendrisiotto

Monte Generoso–Roncapiano–Molino–Muggio 6,5 km, 2½ Std.

In **40 Minuten** bringt uns die **Zahnradbahn** von Capolago am Südende des Luganersees hoch auf den **Monte Generoso**. Die Fahrt, die durch eine liebliche Landschaft führt, stimmt uns auf die Wanderung mit besonderen **Ein- und Ausblicken** ein. Oben angekommen ist der Gipfel in nur 10 Minuten zu bezwingen: Ein fantastisches **360-Grad-Panorama** öffnet sich uns. Die Seen von Lugano, Como, Varese und der Lago Maggiore leuchten tiefblau zu uns hinauf. Im Norden erblicken wir Lugano, im Süden streifen unsere Augen über die Po-Ebene bis nach Mailand und schliesslich auch vom Apennin bis zur Alpenkette, vom Gran Paradiso bis zum Monte Rosa, vom Matterhorn bis zur Jungfrau und vom Gotthardmassiv bis zur Berninagruppe – eine **überwältigende Naturkulisse!**

Nur eine halbe Stunde vom Restaurant Kulm entfernt liegt die **Bärenhöhle**. Bis vor **18 000– 20 000 Jahren** lebten hier **Höhlenbären (Ursus spelaeus).** 1988 entdeckten **zwei Tessiner Speläologen** die Höhle. Ausgrabungen begannen und Knochenfunde von über **300 Höhlenbären** wurden gemacht. Noch heute entdecken die Forscher immer neue Stücke, die sich unter anderem auf den **Neandertaler** zurückführen lassen. Die Höhle ist zwischen Juni und September für die Öffentlichkeit gegen Eintritt zugänglich (Eintrittskarten sind an der Kasse des Self-Service-Restaurants oder der Cafeteria erhältlich).

Wieder beim Restaurant Kulm machen wir uns auf **Richtung Muggio,** unsere eigentliche Wanderung beginnt. Über den weichen Weideboden wandern wir zur Mittelstation Bellavista. Wir wählen unterhalb der **Tiralocchio-Felsen** den zweiten nach links abzweigenden Weg nach **Muggio** und erreichen die **Alpe Génor.** Von hier geniessen wir einen weiten Blick ins **Mendrisiotto.** Das Summen der Bie-

Schwierigkeitsgrad
Leichte Wanderung.

Richtzeit
Wanderzeit 2½ Std.

An- und Rückreise
Mit der Zahnradbahn geht es ab Capolago hinauf auf den Monte Generoso (für den Fahrplan bitte www.montegeneroso.ch konsultieren). Capolago-Riva S. Vitale ist gut mit der S-Bahn ab Lugano erreichbar. Ab Muggio verkehrt das Postauto entweder nach Chiasso, oder nach Morbio, nach Balerna oder nach Castel S. Pietro, nach Mendrisio (bitte Fahrplan beachten).

Weitere Informationen
www.montegeneroso.ch
www.valledimuggio.ch
www.montesangiorgio.ch

Gaumenfreuden
Einkehrmöglichkeiten auf dem Monte Generoso.

Weicher Hügelzug bei Muggio

nen, Kuhgeläute und der herrliche Wiesenduft begleiten uns auf unserem Weg zur **Alpe Nadigh.** Steiler senkt sich unser Weg gegen Muggio hinab und wir tun gut daran, mit gutem Schuhwerk zu wandern. Wir streifen zahlreiche Hütten auf unserem Abstieg und **kurz vor Roncapiano** achten wir besonders auf die Wegführung: Wir folgen nicht dem rechten, **sondern dem linken,** leicht ansteigenden Weg, der sogleich eine Spitzkehre macht und uns wieder Richtung Tal geleitet. Etwas verschlafen wirkt das **kleine Roncapiano** auf uns – die Zeit scheint hier wirklich stehen geblieben zu sein. Nach dem letzten Haus verzweigt sich der Weg erneut und wir wählen den linken Pfad, der von zwei Mauern flankiert wird und zum Waldrand führt. Wir tauchen ein in einen besonders schönen Kastanienwald. Die majestätischen Bäumen scheinen schon jahrhundertelang hier zu stehen. In einer weiten Kehre gelangen wir an den **Breggia-Bach,** den wir bei Molino überqueren. Für ein kurzes Stück steigt der Weg ein wenig an, um uns dann gemächlich nach **Muggio** zu führen. Malerische, lombardisch anmutende Gassen erwarten uns. Die Pflastersteine verpassen uns eine kleine Fussmassage und wir suchen uns ein schattiges Plätzchen zum Rasten. Muggio ist Geburtsort der **klassizistischen Architekten Pier Luigi** und **Luigi Fontana.** Die **spätbarocke Pfarrkirche San Lorenzo,** die 1760 von Giovanni Fontana umgebaut wurde, ist sehenswert, ebenso die **Casa Cantone-Fontana** mit **Fresken** von **Pozzi** aus dem **18. Jahrhundert** gegenüber der Kirche. Mit einem Rucksack voller Eindrücke treten wir unsere Rückreise nach Lugano an.

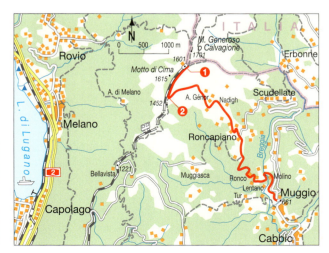

Standort Wanderwegweiser

Zum nächsten Zwischenziel

❶ Muggio
❷ Muggio

45

Im äussersten Winkel des Tessins – von Arzo nach Meride

Arzo – Costa di Prabello – Poncione d'Arzo – Crocifisso – Fontana – Meride 8 km, 3 Std.

Am Fusse des **Monte San Giorgio** wandern wir heute durch schöne Dörfer und gekürte Landschaften. **2003** wurde der Monte San Giorgio mit seinen **einmaligen Fossilien** in die **UNESCO Weltnaturerbeliste** aufgenommen. In **Meride** wartet auf uns das **Fossilienmuesum,** wo jahrtausendealte Entdeckungen auf uns warten. Doch vorerst wandern wir ein wenig durch das schöne **Arzo**. Die Piazza versprüht Italianità und das Geburtshaus des **Malers Salvatore Allio,** die **Casa Allio,** Kreativität und Weltoffenheit, denn Allio ist hauptsächlich in Dresden tätig. Die Casa Allio besitzt ein stattliches Portal und eine zweigeschossige Loggia. Wir wandern von der Haltestelle auf dem mit **roten Pflastersteinen gepflasterten Gässchen** durch den alten Dorfkern zur **Pfarrkirche San Nazaro e San Celso,** die einen rotschwarz gemusterten **Marmorboden** besitzt. Bereits im Mittelalter war Arzo bekannt für seine **Marmorbrüche.** Die Bevölkerung lebte von Wein-, Alp- und Holzwirtschaft und vor allem vom Marmorabbau. Die **saisonale Auswanderung** kannte man auch in Arzo und so zogen im **19. Jahrhundert** einige auch ganz weg, meistens ins amerikanische **Vermont.** Für manch einen ist Arzo heute wegen seiner **Hemdenfabrik** bekannt, die dem Ort Arbeitsplätze und einen kleinen wirtschaftlichen Aufschwung brachte.

Wir wandern rechts um die Kirche herum. Den kleinen Bach überqueren wir und biegen gleich links in den Kiesweg ein. Diesem folgen wir bis nach **Costa di Prabello.** Hier zeigt uns der Wegweiser die Richtung zum **Poncione d'Arzo,** dem 1015 m hohen Gipfel, der genau auf der **Grenze Schweiz-Italien** steht und von wo wir einen herrlichen Blick auf den gegenüberliegenden **Monte San Giorgio** geniessen werden. Wir wandern entlang der Südflanke des Poncione und gewinnen langsam an Höhe. Beim **Grenzstein 62** führt unser Bergpfad genau der Grenze entlang und nach ca. 130 Höhenmetern ste-

Schwierigkeitsgrad
Mittelschwere Wanderung.

Richtzeit
Wanderzeit 3 Std.

An- und Rückreise
Ab Lugano mit der S-Bahn nach Mendrisio und da aufs Postauto nach Arzo, Posta umsteigen. Ab Meride mit Postauto zurück nach Mendrisio und mit der S-Bahn weiter nach Lugano.

Weitere Informationen
www.montesangiorgio.ch
www.mendrisiotourism.ch

Gaumenfreuden
Ristorante Al Torchio Antico, Arzo (www.torchioantico.ch)
Osteria La Guana, Meride

hen wir auf dem **Poncione**. Durchatmen, Kräfte sammeln, Aussicht geniessen und etwas Kühles trinken!
Wir setzen unser Grenzschlängeln fort. Beim **Grenzstein 60,** wo am Wegweiser ein Schild mit der Inschrift **«Svizzera 60»** prangt, halten wir **Crocifisso** zu. Wir streifen einen alten Grenzbefestigungszaun und Wachposten. Was sich hier wohl für Geschichten abgespielt haben? Sanft neigt sich der Weg und wir verlassen die Grenze, die sich links von uns geradeaus weiterzieht. Durch den Wald über das Gebiet der Murgala erreichen wir **Crocifisso,** wo das Postauto Richtung Serpiano bzw. Meride hält. Noch sind wir kräftig genug, um unseren Weg per pedes zurückzulegen. Als nächstes Zwischenziel peilen wir **Spinirolo** an. Wir passieren das Kur- und

Grenzschilder weisen uns den Weg

Ferienzentrum, dessen hoher, backsteinerner Kamin schon von Weitem zu sehen ist.
Gemächlich wandern wir weiter und erreichen kurz vor **Fontana** die Strasse, der wir bis zur ersten Kreuzung folgen. Wir biegen in die nach links abgehende Strasse ein und wandern durch die **terrassierten Weinreben** ins Zentrum von **Meride**. Neben dem **Fossilienmuseum** sind auch die Gassen des Tessiner Dorfes sehr interessant. Sie erzählen vieles aus der Vergangenheit. Berühmte Stuckateure und Maler stammten aus Meride. Die **Wandmalereien,** edlen **Verzierungen,** die **Casa Odelli,** die prächtigen Gärten, die **Kirche San Silvestro** mit Fresken von **Francesco Antonio Giorgioli** und vor allem die Bewohner machen **Meride** einzigartig – zum Glück müssen wir ein wenig auf das Postauto warten, um nach **Mendrisio** zurückzukehren!

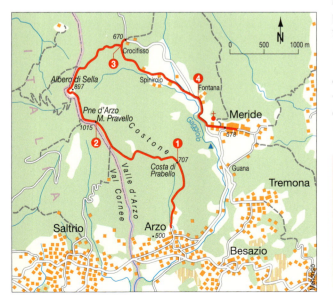

Standort Wanderwegweiser

Zum nächsten Zwischenziel

1. Ponzione d'Arzo
2. Crocifisso
3. Spinirolo
4. Meride

45-mal den richtigen Weg finden

Das Wanderwegnetz in der Schweiz

Wanderwege verlaufen vorwiegend abseits der Strassen und benutzen meist Naturpfade. Bezüglich Wandererfahrung werden keine besonderen Ansprüche gestellt.

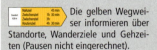

Die gelben Wegweiser informieren über Standorte, Wanderziele und Gehzeiten (Pausen nicht eingerechnet).

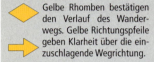

Gelbe Rhomben bestätigen den Verlauf der Wanderwegs. Gelbe Richtungspfeile geben Klarheit über die einzuschlagende Wegrichtung.

Bergwanderwege erschliessen teilweise unwegsames Gelände, sind überwiegend steil, schmal und stellenweise exponiert. Trittsicherheit und Schwindelfreiheit sind hier meist ein Muss. Zudem sind eine gute körperliche Verfassung sowie Bergerfahrung essenziell. Feste Schuhe, eine der Witterung entsprechende Ausrüstung sowie topografische Karten werden vorausgesetzt. Die gelben Wegweiser mit weiss-rot-weisser Spitze informieren über Standorte, Wanderziele und Gehzeiten (Pausen nicht eingerechnet).

Weiss-rot-weisse Farbstriche bestätigen den Verlauf des Bergwanderwegs. Weiss-rot-weisse Richtungspfeile geben Klarheit über den einzuschlagenden Weg.

Fehlen Wegweiser oder sind sie beschädigt, nutzen Sie nach Ihrer Rückkehr bitte das Feedbackformular unter www.wanderland.ch.

Zusatz-Signalisierung durch «Wanderland Schweiz»
Diese Routen erfüllen hohe Qualitätsanforderungen (Qualitätsziele der Schweizer Wanderwege) und heben sich qualitativ vom übrigen Wanderwegnetz ab.

Internationale Fernwanderrouten sind, soweit möglich, Bestandteil der nationalen Routen von «Wanderland Schweiz». Wo internationale Fernwanderrouten über nationale Routen geführt werden, wird das Routenfeld mit einem blauen Winkel ergänzt.

Nationale Routen durchqueren zu einem Grossteil die Schweiz. Ihre Ausgangspunkte und Ziele liegen meist im grenznahen Bereich. Sie werden mit einem Routenfeld und einer einstelligen Nummer signalisiert.

Regionale Routen führen durch mehrere Kantone und werden mit einem Routenfeld sowie einer zweistelligen Nummer signalisiert.

Lokale Routen sind örtlich besonders attraktive Wanderwege und werden mit einem Routenfeld sowie einem Namen oder einem Logo signalisiert.

Für die Signalisation der Wanderwege in der Schweiz sind die Schweizer Wanderwege zuständig (www.wandern.ch).
Die Ratschläge, Bilder und Routenvorschläge in diesem Buch sind von Autor und Verlag sorgfältig erwogen und geprüft worden, dennoch kann eine Garantie nicht übernommen werden. Die Reisen und Wanderungen nach diesen Routenvorschlägen erfolgen auf eigene Gefahr. Eine Haftung der Autorin bzw. des Verlages und seiner Beauftragten für Personen-, Sach- und Vermögensschäden aller Art, die aus den im Buch gemachten Hinweisen resultieren, ist ausgeschlossen.

Impressum
1. Auflage 2009
© **2009 Fink Medien AG,** 8808 Pfäffikon/SZ; **Coop Presse,** 4002 Basel
Schriftliche Bestellungen an: Sekretariat Coop Presse, Postfach 2550, 4002 Basel
Buchbestellung Internet: www.coopzeitung.ch/buchverlag
Idee und Konzept: Toni Kaufmann, Fink Medien AG
Autorin: Nina Hübner
Routenkontrollen: Hansruedi Steiner, Herbert Kaufmann
Kartografie: Hans Haueter, Adolf Benjes
Fotos: Hansruedi Steiner, Herbert Kaufmann, Marius Kaufmann
Layout: Franziska Liechti, Anzeiger Region Bern
Redaktion: Sabine Vulic, Coop Presse
Gesamtherstellung: Fink Medien AG, www.fink-medien.ch
ISBN-Nr.: 978-3-905865-05-9

Wichtige Telefonnummern

144	Sanitätsnotruf
1414	Rega, Schweizerische Rettungsflugwacht
117	Polizei
117	Meldung von Blindgängern
162	Wetterprognosen

Sicherheit an Flüssen:
www.ti.ch/flüsse